は　し　が　き

　本協会に所属する学校は、令和6年度は216校に及び、企業で経理事務を担当する人や、将来税理士などの職業会計人になる人の養成に携わっています。本協会は、簿記会計の実践面において大きな影響力を持つ税法の学習を、経理学校の正式科目として普及するよう長年努力を続けてまいりました。

　このため、本協会では毎年2回、税務会計についての能力検定試験を1級から3級に分けた形で実施し、その合格者には本協会の合格証書を授与しています。幸い、その普及率・合格率も徐々に向上しています。

　税法が難しい法律であり、若い生徒諸君にはなじみにくいということも事実ですが、学習用テキストとして平易に書かれた解説書があれば、大分勉強しやすくなるのではないかと考えられます。

　そこで、株式会社清文社のご協力を得て本協会で作成したのが、このテ

　本書は中級用テキストである「演習所得税法」「演習法人税

妹書になっており、本書はその初級テキストとして作成し

法予備知識を習得された後、「演習所得税法」「演習法人税

に高度の学習をされるようお薦めします。

　本書では、読む勉強と同時に、問題を解くことにより実力を養っていただくことを狙いとして、各章に練習問題を配置しました。

　読者諸氏の能力にあった検定試験をできるだけ多くの方が受験され、能力を確かなものとされるようお薦めする次第です。

令和6年3月

公益社団法人　全国経理教育協会

（注）本書印刷日現在、令和6年度の税制改正法案は、国会で審議中ですが、学習の便を考えて、あえて、法案の段階で作成したことをご了解いただきたいと存じます。

目 次 ●●●●●●●●●●●●●●●●●●●●●●●●●●●

第1章 税金の制度

第2章 所 得 税 法

第3章 法人税法

第4章 消費税法

第1章

税金の制度

1　税金の意義●●●

　税金とは、「国又は地方公共団体が国民又は地域住民の福祉のための支出に充てるため、権力に基づいて、強制的に国民又は地域住民の富を無償で徴収するもの」と定義されています。国や地方公共団体は、私たちの生活に欠かせない次のような公共サービスを提供していますが、このような活動には、当然、経費がかかります。私たちは、税金という形でその主要部分を負担しています。

①	国民の健康や生活を守るための社会保障事業
②	住宅、道路、港湾などの建設、維持のための公共事業
③	教育と科学振興のための文教科学振興事業
④	国を守るための防衛関係事業
⑤	産業振興などのための経済政策事業

2　税金の根拠●●●

　日本国憲法第30条では、「国民は、法律の定めるところにより、納税の義務を負う」
とその課税根拠を規定しています。

　これは形式的根拠ですが、実質的根拠として大まかに次の4つの学説があります。

---

(1)　公需説

　　道路や学校の建設、治安の維持などの公共の福祉を増進するために、その費
　用を国民から徴収するとする説

(2)　利益説

　　国や地方公共団体の積極的活動により、国民や地域住民は利益を受けるの
　で、その代償として、資金の一部を負担するために支払うとする説

(3)　保険料説

　　国や地方公共団体は、国民・地域住民の生命や財産の保護など、国民の保険
　者としての役割をしているので、その保険料として支払うとする説

(4)　義務説

　　国や地方公共団体は、生活上不可欠な共同生活の機関なので、負担能力に応
　じて、その活動資金を分担するのが国民・住民の義務だとする説

3　税金の目的●●●●

　税金は国や地方公共団体が、国民又は地域住民の福祉向上のための資金を支出するために、その財源として国民又は地域住民から強制的に徴収するものです。

　これが主な目的であり、財政収入目的といわれているものですが、このほかにも税金徴収の目的には次のものがあります。

(1)　社会政策目的

　所得再配分、財産再配分を税金の徴収によって実施しようとするものです。

　所得税、相続税の累進税率採用は担税力に応じた課税であり、所得、財産の再配分をしています。またこのほかに所得税法、相続税法、租税特別措置法において諸控除制度を規定しています。

(2)　人口政策目的

　所得税法の扶養控除などの増減により、税金の負担額を変動させ、人口政策目的に利用しています。

(3)　経済政策目的

　国民又は地域住民の生活を豊かにするには、まず所得水準の上昇が考えられます。

　そのためには、産業の調和ある発展が不可欠です。このために税金が、産業の保護育成、輸出振興、資本蓄積、消費抑制などの経済目的達成のための手段として利用されています。

　これらは具体的には、税金の免除、軽減、増徴などの手段によって実施されています。

(4)　文化政策目的

　公益法人などへの寄附金を免税して、教育活動、文化活動、慈善活動などの振興を図る文化政策目的があります。

4　納税の義務●●●

「国民は、法律の定めるところにより、納税の義務を負う」という日本国憲法第30条の規定は、国民に納税の義務の存在を明らかに示すものであり、その上、この納税の根拠は「法律」の定めるところによることを宣言しています。

また、憲法第84条は、「あらたに租税を課し、又は現行の租税を変更するには、法律又は法律の定める条件によることを必要とする」と規定しています。

これを「租税法律主義」といいます。租税法律主義は国民に対する納税義務を明示するとともに、国又は地方公共団体の課税権に制限を加えるものです。

すなわち、国民は憲法第30条により正当な納税義務を負うと同時に、第84条により法律によらなければ不当な徴収はされないという保障を与えられているわけです。

このため、憲法第30条と第84条は表裏一体をなすものということができます。

5　税金の分類●●●

税金はいろいろな観点から分類されますが、主なものを掲げると次のとおりです。

(1)　国税と地方税

課税権の主体が国であるか地方公共団体であるかで分けたものです。

国税		所得税、法人税、相続税、贈与税、消費税、酒税、たばこ税、印紙税、登録免許税など
地方税	道府県税	道府県（都）民税、事業税、地方消費税、不動産取得税、自動車税、たばこ税など
	市町村税	市町村民税、固定資産税、事業所税、都市計画税、たばこ税など

(2)　直接税と間接税

　直接税とは、納税義務者と担税者が同一のものをいい、間接税とは、納税義務者と担税者とが異なるものをいいます。

直接税	国　税	所得税、法人税、相続税、贈与税
	地方税	住民税、事業税、固定資産税など
間接税	国　税	消費税、酒税、たばこ税など
	地方税	地方消費税、ゴルフ場利用税、たばこ税など

(3)　本税と附帯税

　税金は一定の条件のもとに課税されますが、これらの通常の税金を本税といっています。

　本税の履行上、適正を欠く場合には、本税に附帯して課せられる税金があります。これを附帯税といっています。

　附帯税には、過少申告加算税、重加算税、延滞税、利子税などがあります。

(4)　その他

　上記のほか、収益を得ているという事実に基づいて課税される「収得税」、財産を所有するという事実に基づいて課税される「財産税」、消費事実に基づいて課税される「消費税」、一定の財産の移転という事実に基づいて課税される「流通税」などの分類があります。

収得税	所得税、法人税など
財産税	相続税、贈与税、固定資産税など
消費税	消費税、酒税、たばこ税など
流通税	印紙税、登録免許税など

6　税金の体系●●●

　我が国には現在、所得税や法人税など約50種類の税金があり、大きく国税と地方税に分かれます。

　我が国の租税体系は次の表のようになっています。

（注）　都は、道府県民税に関する規定が原則として準用されることになっています。ただし、東京23区内においては、市町村民税である固定資産税、特別土地保有税、法人市民税、事業税、都市計画税は都税となります。

※とん税とは、外国船が日本の港湾施設を利用する際に課せられる税です。

7 税の基本用語●●●

税金についての基本用語には次のものがあります。

(1) 税源

税金の支払われる源泉をいいます。すなわち、所得税は個人の所得が税源であり、相続税は納税者の相続財産を税源としています。

(2) 租税客体

課税物件ともいわれていますが、租税を賦課する目標となる物件、行為又は事実をいいます。

所得税、法人税についての租税客体は個人所得、法人所得であり、酒税についての租税客体は酒です。

(3) 租税主体

税金の支払義務を持っている者であり、納税者、納税義務者ともいわれています。

給与所得については給与所得者が納税者であり、使用者は徴収義務者となります。

(4) 課税標準

税額計算の基準となる価格又は数量をいいます。

所得税、法人税では所得金額であり、相続税では相続財産の価額です。

(5) 担税者

税金を実際に負担する者をいいます。所得税、法人税、相続税の場合は税金を支払う者が負担するのが原則であり、納税者と担税者は一致します。

酒税の場合は、製造業者が税金を支払いますが、これは消費者に転嫁され消費者が負担しますので、納税者と担税者は一致しません。

(6)　課税単位

　　課税標準の一定数量又は一定額であり、税額計算の基本となるものをいいます。

　　酒税の場合は 1 キロリットル何円というように定められていますが、この 1 キロリットルというのが課税単位ということになります。

(7)　外形標準課税

　　企業に対し、所得以外の基準で事業税（地方税）が課される制度で、平成16年度から資本金 1 億円超の大企業等に適用されています。所得基準に加えて人件費等の付加価値や資本金等を基準に課税されます。

(8)　税率

　　課税標準に対して課税される税金の割合をいいます。

　　この税率については次のものがあります。

①　比例税率

　　課税標準に対して課税される税率が均一のものをいいます。

②　累進税率

　　課税標準が大きくなるにつれ税率が高くなるものをいいます。

③　逆進税率

　　課税標準が大きくなるにつれ税率が低くなるものをいいます。

④　標準税率

　　我が国の地方税に関するものであり、通常よるべき税率です。

　　しかし、地方公共団体の財政上の必要性から、この標準税率によらず、これを上下する税率を条例で定めてもよいことになっています。

⑤　制限税率

　　我が国の地方税に関するものであり、標準税率によらない場合に、税率の最高限度を規定する場合における税率です。

⑥　一定税率

　　我が国の地方税に関するものであり、地方税法によって税率を一定のものとしているものです。

(9)　徴税方式

　　国税についての納付税額の確定の手続は、次のいずれかの方式によります。

①　申告納税方式

　　納付すべき税額が納税者のする申告により確定する方式をいいます。

　　ただし、その申告がない場合又はその申告に係る税額の計算が国税に関する法律の規定に従っていなかった場合その他その税額が税務署長又は税関長の調査したところと異なる場合は、税務署長又は税関長の処分により確定します。

②　賦課課税方式

　　納付すべき税額がもっぱら税務署長又は税関長の処分により確定する方式をいいます。

(10)　源泉徴収

　　所得税の申告納税制度の納付方法の1つで、所得の支払者がその支払の際に所得税額を天引き徴収し、納付するものをいいます。対象所得としては、利子所得、配当所得、給与所得、講演の謝金、原稿料、退職所得や弁護士・税理士報酬などがあります。源泉税ということもあります。

第2章

所 得 税 法

1 所得税の概要●●●●

(1) 所得の意義と計算期間

　所得とは原則として、収入金額から必要経費を差し引いたものです。

　所得税における課税所得の計算期間は、その年の1月1日から12月31日までの1年間です。

(2) 納税義務者

　所得税の納税義務者は次のとおりです。(なお、政策上の考慮等により①国、②公共法人等、③外交官などは、その所得について課税されません)

区　　　分				定　　　義	課税所得の範囲	納税方法
納税義務者	個人	居住者	一般の居住者	国内に住所を有し、又は現在まで引き続いて1年以上居所を有する個人のうち非永住者以外の者	国の内外で生じたすべての所得	申告納税又は源泉徴収
			非永住者	居住者のうち、日本の国籍を有しておらず、かつ、過去10年以内において国内に住所又は居所を有していた期間の合計が5年以下である個人	国内で生じたすべての所得及びこれ以外の所得で国内において支払われ、又は国外から送金されたもの	申告納税又は源泉徴収
		非居住者		居住者以外の個人	国内で生じたすべての所得	申告納税又は源泉徴収
	法人	内国法人		国内に本店又は主たる事務所を有する法人	国内において支払われる利子等、配当等、給付補てん金、利息、利益、差益、利益の分配、又は賞金	源泉徴収
		外国法人		内国法人以外の法人	国内で生じたすべての所得のうち特定のもの	源泉徴収
	人格のない社団等			法人でない社団又は財団で、代表者又は管理人の定めがあるもの	内国法人又は外国法人に同じ	源泉徴収

(3)　納税地

　国内に住所がある場合には住所地（選択により事業所所在地）であり、国内に住所がなく居所がある場合には居所地となっています。国内に住所・居所がなく、恒久的施設（支店・工場等）がある非居住者の場合には、それらの事業に係る事務所等の所在地となっています。

　源泉徴収をすべき所得税の納税地は、給与の支払をする事務所等の支払日における所在地となっています。

(4)　非課税所得

　次に掲げる所得については、所得税が課せられません。

①　所得税法の規定によるもの

イ	当座預金の利子（利率が年１％を超えるものを除く）
ロ	いわゆる子供銀行の預金の利子
ハ	遺族の受ける恩給や年金など
ニ	給与所得者の職務上の旅費（通常認められる範囲内のもの）
ホ	給与所得者の通勤手当のうち一定額以下の部分
ヘ	給与所得者が使用者から支給を受ける現物給与で、職務の性質上欠くことのできないもの
ト	国外で勤務する居住者の受ける給与のうち、その勤務により国内で勤務した場合に受けるべき通常の給与に加算して受ける一定の在勤手当
チ	外国政府、外国の地方公共団体等に勤務する者で一定の要件に該当する者の給与
リ	生活用動産（家具、じゅう器、衣服等）の譲渡による所得
ヌ	資力喪失者の強制換価手続による譲渡所得
ル	文化功労者年金、学術奨励金など
ヲ	オリンピック又はパラリンピック競技大会において特に優秀な成績を収めた者を表彰するものとして公益財団法人日本オリンピック委員会、公益財団法人日本パラスポーツ協会等から交付される金品で財務大臣が指定するもの
ワ	学資金及び法定扶養料
カ	相続、遺贈又は個人からの贈与により取得したもの
ヨ	損害保険契約に基づき支払われる保険金及び損害賠償金
タ	公職選挙法の適用を受ける選挙費用に充てるために法人から贈与されたもの

レ	障害者等の元本350万円以下の少額預金等の利子等

②　租税特別措置法によるもの

イ	障害者等の元本350万円以下の少額公債の利子
ロ	勤労者財産形成住宅貯蓄又は勤労者財産形成年金貯蓄の元本550万円以下の利子等
ハ	納税準備預金の利子
ニ	国、地方公共団体に対し財産の贈与又は遺贈をした場合の譲渡所得等、相続税の物納による譲渡所得等

（注）　一定の非課税口座内の少額上場株式等に係る配当所得及び譲渡所得等については非課税とされています。（新NISA、一般NISA、つみたてNISA、ジュニアNISA）

③　その他の法律によるもの

イ	健康保険などの保険給付
ロ	生活保護のための給付、児童福祉のための支給金品など
ハ	雇用保険の失業等給付
ニ	当せん金付証票（宝くじなど）の当せん金品
ホ	納税貯蓄組合の貯金の利子

⑸　10種類の所得

　所得の性格はさまざまです。所得税法ではこれを10種類に分け、それぞれに応じた方法で所得金額の計算をします。

種　　類	内　　　　容
①利 子 所 得	預金利子、公社債利子などの分配金
②配 当 所 得	株式、出資金の配当
③不動産所得	家賃、地代、駐車場代など不動産貸付けの対価
④事 業 所 得	小売業、卸売業、製造業、サービス業、農業、漁業などによる所得
⑤給 与 所 得	給与、賞与（現物給与を含む）
⑥退 職 所 得	退職金

⑦譲 渡 所 得	資産の譲渡で生ずる所得
⑧山 林 所 得	山林の伐採で生ずる所得
⑨一 時 所 得	生命保険の保険金、懸賞の賞金など
⑩雑 　 所 　 得	他のいずれの所得にも該当しないもの（年金（公的年金と個人年金）、作家以外の原稿料、還付加算金など）

　所得金額は基本的には、収入金額から必要経費を差し引いて計算しますが、所得の種類によって若干の違いがあります。（詳細は22ページ以下を参照してください）

種　　類	所　　得　　金　　額
利 子 所 得 ➡	収入金額＝利子所得の金額
配 当 所 得 ➡	(収入金額) − $\left(\begin{array}{l}\text{株式などを取得する}\\ \text{ための借入金の利子}\end{array}\right)$ ＝配当所得の金額
不 動 産 所 得 ➡	総収入金額−必要経費＝不動産所得の金額
事 業 所 得 ➡	総収入金額−必要経費＝事業所得の金額
給 与 所 得 ➡	収入金額−給与所得控除額＝給与所得の金額
退 職 所 得 ➡	(収入金額−退職所得控除額)× $\frac{1}{2}$ (注) ＝退職所得の金額
譲 渡 所 得（総合課税）➡	総収入金額− $\left(\begin{array}{l}\text{売却した資産の}\\ \text{取得費・譲渡費用}\end{array}\right)$ −特別控除額(50万円)＝譲渡所得の金額
山 林 所 得 ➡	総収入金額−必要経費−特別控除額(50万円)＝山林所得の金額
一 時 所 得 ➡	総収入金額− $\left(\begin{array}{l}\text{収入を得るため}\\ \text{に支出した費用}\end{array}\right)$ −特別控除額(50万円)＝一時所得の金額
雑 　 所 　 得 ➡	●公的年金等 ⇨ 収入金額−公的年金等控除額＝雑所得の金額 ●公的年金等以外 ⇨ 総収入金額−必要経費＝雑所得の金額

（注）　役員等としての勤続年数が5年以下である場合など、退職所得の金額の計算について「×$\frac{1}{2}$」はされない場合があります。

⑹　所得税の計算手順

　納付税額の算出方法は次の手順で行います。

第1段階	各種所得金額の算出
10種類の所得に分けて計算し、必要経費等を差し引き所得金額を算出	

第2段階	課税標準の計算
損益通算し、純損失・雑損失を差し引き課税標準を算出	

第3段階	課税所得金額の算出
課税標準から特別控除や各種所得控除を差し引き課税所得金額を算出	

第4段階	所得税額の算出
課税所得金額に該当税率を当てはめて税額を算出	

第5段階	納付税額の算出
税額から各種税額控除、源泉徴収税額等を差し引いたものが所得税額（納付税額）	

　なお、上記の手順を一覧表にすると次のとおりです。

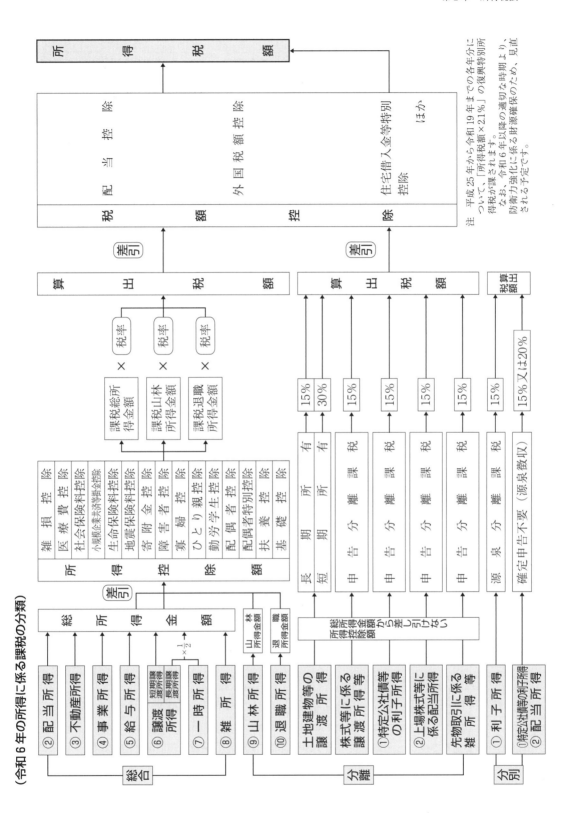

（令和6年の所得に係る課税の分類）

注　平成25年から令和19年までの各年分について、「所得税額×2.1%」の復興特別所得税が課されます。なお、令和6年以降の適切な時期より、防衛力強化に係る財源確保のため、見直しされる予定です。

(7)　損益通算

　各所得金額の計算上生じた損失（赤字）の金額は、一定の順序に従って他の所得金額から控除（損益通算）できます。

　また、確定申告書を提出する前年3年内の各年（青色申告の場合）の純損失の金額（不動産所得、事業所得、山林所得、譲渡所得の金額の計算上生じた損失の金額のうち、損益通算を行ってもなお控除しきれない部分の金額）がある場合には、その確定申告書を提出する年分の総所得金額、退職所得金額、山林所得金額の計算上控除されます。

（注）　上場株式等に係る譲渡損失の金額は、上場株式等に係る利子所得や配当所得の金額と損益通算できますが、上場株式等以外の一般株式等に係る譲渡損失は、他の一般株式等に係る譲渡益からのみ控除（損益通算）できます。

　損益通算は次の順序で行います。

①　不動産所得・事業所得の損失

（注）　経常所得とは、利子、配当、不動産、事業、給与、雑の各所得のことをいいます。

②　譲渡所得の損失

③　山林所得の損失

（注）　損益通算で残った純損失は、翌年以後3年間に繰越し、又は前年に繰戻しします。

(8)　所得税の基本用語

所得税の基本用語には次のものがあります。

① 居所

　生活の本拠である住所ほど人と場所の関係が緊密でないが、多少の期間継続して住んでいる場所をいいます。

② 必要経費

　所得を得るためにかかる費用で、所得税法では、不動産、事業、山林、雑の各所得の金額の計算上、総収入金額から控除される経費のことをいいます。

③ 損益通算の純損失

　損益通算を行った後に残る損失の金額のことで、繰越し又は繰戻しができます。

④ 総収入金額

　不動産、事業、山林、譲渡、一時、雑の各所得に係る収入金額のことで、必要経費等を差し引くことから、その他の利子、配当、給与、退職の各所得の収入金額と区別しています。

⑤ 総所得金額

　配当、不動産、事業、給与、短期譲渡、雑の各所得金額と長期譲渡、一時の所得金額の合計額の2分の1の金額を合計したものをいいます。

⑥ 総合課税と分離課税

　各種の所得金額を総合して税率を適用することを総合課税といい、山林所得や退職所得のように総合課税になじまないものは他の所得と分離して所得税額を算出します。

⑦ 所得控除

　所得から控除して課税しないもののことですが、課税所得金額を計算する上で、総所得金額等から控除する金額です。

⑧ 税額控除

　一定の要件を満たした場合に、算出税額から差し引かれる一定の金額です。

⑨ 耐用年数

　建物や機械など年数の経過により使用ができなくなる固定資産について、法令により定められた使用に耐える年数のことをいいます。

2　所得の内容と所得金額の計算●●●

　10種類の所得は、所得の性質に応じてそれぞれ所得金額の計算方法が異なります。

(1)　利子所得

　利子所得とは、次の所得をいいます。

区　分	内　　容
① 公社債の利子	国債、地方債などの利子、株式会社が発行する社債の利子
② 預貯金の利子	銀行、信用金庫等への預貯金、勤務先預金などの利子
③ 合同運用信託の収益の分配	金銭信託、貸付信託の収益の分配金
④ 公社債投資信託の収益の分配	公社債投資信託の収益の分配金
⑤ 公募公社債等運用投資信託の収益の分配	公募公社債等運用投資信託の収益の分配金

①　利子所得の金額

利子所得の金額　＝　収入金額

②　課税関係

区　　分		課税区分
イ　障害者等の少額預金の利子（元本350万円まで）		非課税
ロ　障害者等の少額公債の利子（額面350万円まで）		
ハ　㋑年１％を超えない利率の利子を付せられた当座預金の利子　㋺納税準備預金の利子		
ニ　子供銀行の預金利子		
ホ　勤労者財産形成住宅貯蓄の利子等	合計で元本550万円まで	
ヘ　勤労者財産形成年金貯蓄の利子等		
ト　上記イ〜ヘ以外の利子等		15％の源泉分離課税（ほかに地方税５％）

（注１）　国債や地方債などの特定公社債の利子、公募公社債投資信託等の収益の分配については、15％（ほかに地方税５％）の源泉徴収を受け、上場株式等に係る配当等と同じく申告分離課税の対象とされ又は申告不要の取扱いを選択できます。

（注２）　平成25年から令和19年までの各年分について、「所得税額×2.1％」の復興特別所得税が課されます。

　　なお、令和6年以降の適切な時期より、防衛力強化に係る財源確保のため、見直される予定です。

⑵　配当所得

　配当所得とは、次の所得をいいます。

① 法人から受ける剰余金の配当・利益の配当
② 協同組合等から受ける剰余金の分配（出資に係るものに限る）
③ 相互保険会社から支払われる基金利息
④ 投資信託（公社債投資信託及び公募公社債等運用投資信託を除く）の収益の分配
⑤ 特定受益証券発行信託の収益の分配

①　配当所得の金額

配当所得の金額 ＝ 収入金額 － 株式等を取得するための負債の利子

②　課税関係

　配当所得は、その配当の支払を受ける際にその株式等の種類に応じて源泉徴収が行われます。原則として総合課税の対象となりますが、一定の条件の下、申告分離課税や申告不要の特例を選択できます。

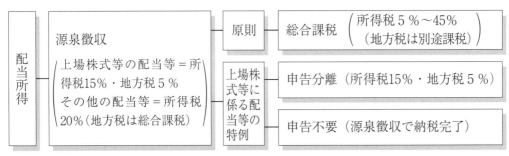

配当所得　源泉徴収（上場株式等の配当等＝所得税15％・地方税5％　その他の配当等＝所得税20％（地方税は総合課税））

原則　総合課税（所得税5％～45％（地方税は別途課税））

上場株式等に係る配当等の特例

申告分離（所得税15％・地方税5％）

申告不要（源泉徴収で納税完了）

（注1）　総合課税によることで配当控除を受けることができ、申告分離課税によることで上場株式等については上場株式等の譲渡損失と損益通算ができます。
（注2）　上場株式等の配当等以外の配当所得については、所得税の源泉徴収を受けて総合課税されますが、年10万円以下の少額な配当所得については所得税においてのみ源泉徴収だけで納税を完了することができます（地方税は別途課税）。
（注3）　平成25年から令和19年までの各年分について、「所得税額×2.1％」の復興特別所得税が課されます。
　　　　なお、令和6年以降の適切な時期より、防衛力強化に係る財源確保のため、見直される予定です。
（注4）　一定の少額上場株式等に係る配当所得については非課税措置があります。（16ページ参照）

(3)　不動産所得

不動産所得とは、次の所得をいいます。

区　　　分	内　　　容
① 不動産の貸付け	地代、家賃
② 不動産の上に存する権利の貸付け、設定	地上権、永小作権、地役権、借地権などの貸付け、設定による収入
③ 船舶（総トン数20トン以上）又は航空機の貸付け	裸用船契約による収入

ただし、不動産の貸付けであっても、次のように程度によって事業所得などになるものがあります。

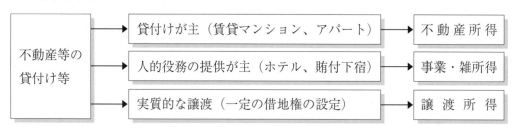

①　不動産所得の金額

②　総収入金額

収入金額は原則として、その年に収入することが確定した金額をいいますが、不動産の貸付けの場合、次の点に注意してください。

イ　家賃収入のほか、権利金・礼金収入、共益費収入なども収入金額となります。

ロ　敷金、保証金等は原則として預り金なので収入金額とはされませんが、契約により借主に返還しない部分がある場合には、その部分は返還しないこととなったときの収入金額とされます。

ハ　3年以上の期間、不動産等を他人に使用させることを契約し、一時に受け取る権利金などで、その金額がその契約による資産の使用料の2年分相当額以上のものは、臨時所得として平均課税の対象とされます。

③　必要経費

　必要経費は、事業所得の必要経費（(4)の③）と同じく、不動産等の固定資産税、修繕費、減価償却費、保険料等の管理費、借入金利子等ですが、次の点に注意してください。

> イ　建物の賃借人を立ち退かせるために支払う立退料は、原則として必要経費となります。
>
> ロ　家族がアパート管理などの職務に専従している場合には、その建物の貸付けが事業として営まれているときに限り、青色専従者給与＊（又は事業専従者控除額）を必要経費とすることができます。
>
> ＊44ページ参照

(4)　事業所得

　事業所得とは、次の所得をいいます。

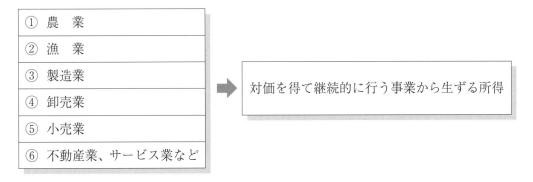

| ① 農　業 |
| ② 漁　業 |
| ③ 製造業 |
| ④ 卸売業 |
| ⑤ 小売業 |
| ⑥ 不動産業、サービス業など |

➡ 対価を得て継続的に行う事業から生ずる所得

＜事業所得から除かれるもの＞

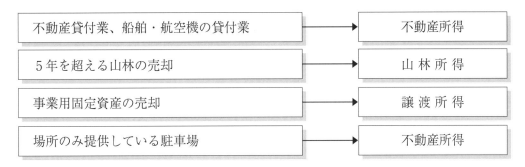

不動産貸付業、船舶・航空機の貸付業	→	不動産所得
5年を超える山林の売却	→	山林所得
事業用固定資産の売却	→	譲渡所得
場所のみ提供している駐車場	→	不動産所得

①　事業所得の金額

事業所得の金額　＝　総収入金額　－　必要経費

②　収入金額の範囲

　収入金額は原則として、その年に収入することが確定した金額をいいますが、通常の営業収入以外にも次のようなものが収入金額に含まれます。

区　分	内　容
イ　自家消費、贈　与　等	商品を家事用に消費したり、知人に低価で販売した場合は、次の金額で収入に計上します。 　㋑　自家消費や贈与のとき⇨原価か販売価額×70％のいずれか多い金額 　㋺　販売価額の70％未満で低価販売したとき ⇨ 販売価額×70％
ロ　損害保険金、補　償　金	商品について受けた保険金、休業により受けた補償金など
ハ　雑　収　入	空箱や作業くずの売却代金、仕入割引、リベートなど
ニ　受　贈　益	メーカーから製品の広告宣伝のために低価で譲り受けた資産

③　必要経費

　必要経費は原則として、その年に支払の確定した金額によって計算しますが、主な必要経費は次のとおりです。

区　分	内　容
イ　売上原価	売上原価 ＝ 年初の棚卸資産在庫高 ＋ その年中の仕入高 － 年末の棚卸資産在庫高 　㋑　棚卸資産の範囲 　　商品、製品、半製品、仕掛品、原材料など 　㋺　棚卸資産の評価方法 　　上記㋑の棚卸資産の種類ごとに次の評価の方法のいずれかを税務署に届け出ますが、届け出のない場合は、最終仕入原価法（年末に一番近い日に仕入れた仕入単価で評価額を計算する方法）で評価します。 　　㋑　原価法……先入先出法、最終仕入原価法など6種類 　　㋺　低価法……青色申告者は、原価法と年末時価のうち低い価額で評価できます。
ロ　租税公課	業務に関連して納付する固定資産税、自動車税、印紙税、事業税など（ただし、所得税、住民税、相続税、所得税の加算税などは必要経費となりません）

ハ　減価償却費	事業用の建物、機械、車両などの資産を買い入れるための費用は、支出した年にその全額を必要経費としないで、一定の方法によりこれらの資産の使用期間に配分して必要経費化していきます。（ただし、使用可能期間が1年未満のものや取得価額が10万円未満のものは、その年分の必要経費に算入できます） 　減価償却費の主な計算方法は、原則として次の2とおりです。 （イ）　定額法 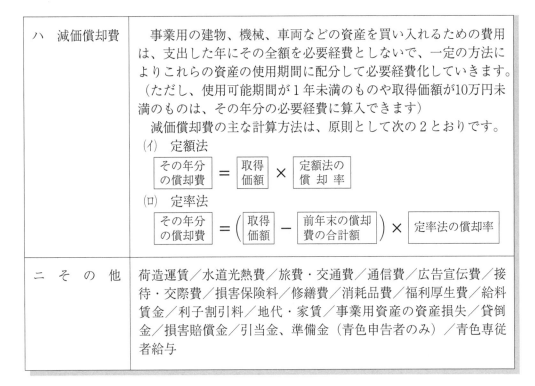 （ロ）　定率法
ニ　そ　の　他	荷造運賃／水道光熱費／旅費・交通費／通信費／広告宣伝費／接待・交際費／損害保険料／修繕費／消耗品費／福利厚生費／給料賃金／利子割引料／地代・家賃／事業用資産の資産損失／貸倒金／損害賠償金／引当金、準備金（青色申告者のみ）／青色専従者給与

(5)　給与所得

　給与所得とは、俸給、給料、賃金及び賞与並びにこれらの性質を有する給与に係る所得をいいます。（ただし、一定金額までの通勤手当などは非課税とされます）

＜給与所得と紛らわしい所得＞

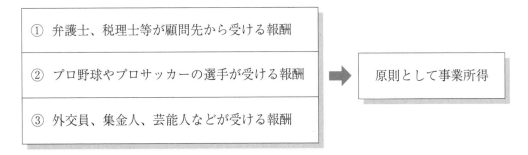

①　給与所得の金額

＜給与所得控除額の計算式＞

給与等の収入金額		給与等所得控除額
	162.5万円以下	55万円
162.5万円超	180万円以下	収入金額×0.4 − 10万円
180万円超	360万円以下	収入金額×0.3 ＋ 8万円
360万円超	660万円以下	収入金額×0.2 ＋ 44万円
660万円超	850万円以下	収入金額×0.1 ＋ 110万円
850万円超		195万円

（注1）　実務上、給与等に係る給与所得の金額は、上記算式によることなく、原則として所得税法別表第五「年末調整等のための給与所得控除後の給与等の金額の表」を用いて求めます。

（注2）　給与等の収入金額が850万円を超える給与所得者で、かつ、①本人が特別障害者に該当する者、②年齢23歳未満の扶養親族を有する者、又は③特別障害者である同一生計配偶者・扶養親族を有する者は、その850万円を超える給与等の収入金額（1,000万円を限度とします。）の10％をその給与所得の金額から控除できる所得金額調整控除があります。

② 源泉徴収と確定申告

　給与所得は、給与の支払時に所得税が源泉徴収され、通常の場合、年末調整で所得税の精算がされますが、給与収入が2,000万円を超える場合（年末調整の対象となりません）など一定の場合には、確定申告をしなければなりません。

⑹　**退職所得**

　退職所得とは、退職手当、一時恩給その他退職により一時に受ける給与及びこれらの性質を有する給与による所得をいいます。

　退職所得に対する課税は、他の所得とは分離して計算する分離課税になっています。

①　**退職所得の金額**

（注）　役員等としての勤続年数が 5 年以下である場合など、退職所得の金額の計算について「×1／2」はされない場合があります。

＜退職所得控除額の計算式＞

勤続年数	計　　　　算　　　　式
20年以下のとき	40万円×勤続年数（最低80万円）
20 年 超 の と き	800万円＋70万円×（勤続年数−20年）

②　**源泉徴収と確定申告**

　「退職所得の受給に関する申告書」を提出している場合には、退職所得の金額に通常の税率で計算された所得税の源泉徴収で課税が完了しますが、提出のない場合、退職所得控除額を控除せず、収入金額に対して一律20％の源泉徴収税額を計算し、その後確定申告で精算します。

（注）　平成25年から令和19年までの各年分について、「所得税額×2.1％」の復興特別所得税が課されます。

　　　なお、令和 6 年以降の適切な時期より、防衛力強化に係る財源確保のため、見直される予定です。

(7) 譲渡所得

　譲渡所得とは、資産の譲渡（建物又は構築物の所有を目的とする地上権又は賃借権等で一定のものを含みます）による所得をいいます。

　譲渡所得における資産には、土地、借地権、家屋などの不動産のほか、機械器具、車両等の動産、特許権、漁業権、著作権なども含まれます。

　譲渡所得は、その資産の所有期間によって次のように区分されます。

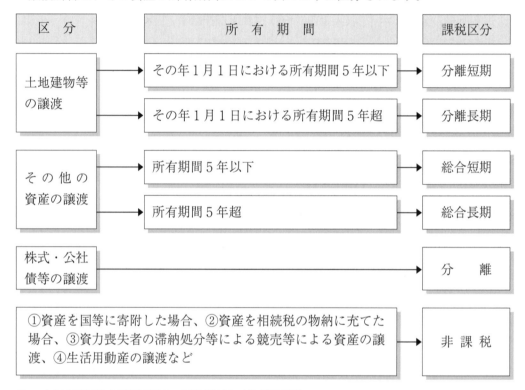

区　分	所　有　期　間	課税区分
土地建物等の譲渡	その年1月1日における所有期間5年以下	分離短期
	その年1月1日における所有期間5年超	分離長期
その他の資産の譲渡	所有期間5年以下	総合短期
	所有期間5年超	総合長期
株式・公社債等の譲渡		分　離
①資産を国等に寄附した場合、②資産を相続税の物納に充てた場合、③資力喪失者の滞納処分等による競売等による資産の譲渡、④生活用動産の譲渡など		非　課　税

① 土地建物等の譲渡所得の課税関係（分離課税）

イ 譲渡所得の金額

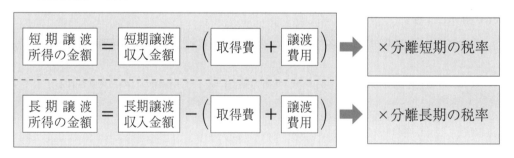

短期譲渡所得の金額 ＝ 短期譲渡収入金額 － （取得費 ＋ 譲渡費用）　➡　×分離短期の税率

長期譲渡所得の金額 ＝ 長期譲渡収入金額 － （取得費 ＋ 譲渡費用）　➡　×分離長期の税率

ロ　税額の計算

(イ)　分離短期譲渡所得の税額

短期譲渡所得の金額 × 30%

(ロ)　分離長期譲渡所得の税額

長期譲渡所得の金額 × 15%

②　その他の資産の譲渡所得の課税関係（総合課税）

短期譲渡所得の金額 ＝ 短期譲渡収入金額 －（取得費 ＋ 譲渡費用）－ 特別控除額（50万円）(注1)

長期譲渡所得の金額(注2) ＝｛長期譲渡収入金額 －（取得費 ＋ 譲渡費用）－ 特別控除額（50万円）｝× 1/2

⊕ → 総合課税

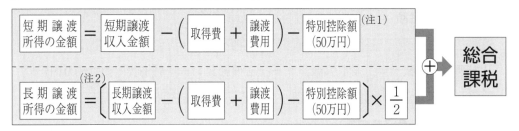

（注1）　長期と短期の譲渡所得がある場合、50万円の特別控除額は、まず短期譲渡所得から差し引き、引ききれない残額がある場合に限り長期譲渡所得から控除します。

（注2）　ここでの長期譲渡所得の金額は、総所得金額に算入する金額をいいます。

③　株式等の譲渡所得の課税関係

イ　譲渡所得の金額

総収入金額（譲渡価額）－ 必要経費（取得費＋手数料）＝ 株式等の譲渡所得

(注)　上場株式等に係る譲渡損失の金額は、上場株式等に係る利子所得や配当所得の金額と損益通算できますが、上場株式等以外の一般株式等に係る譲渡損失は、他の一般株式等に係る譲渡益からのみ控除（損益通算）できます。

ロ　税額の計算

上場株式等 ➡ 申告分離(注1)　株式等の譲渡所得 × 所得税15％・地方税５％

一般株式等 ➡ 申告分離　株式等の譲渡所得 × 所得税15％・地方税５％

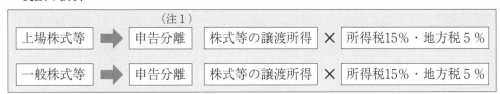

（注1）　上場株式等の譲渡所得には、源泉徴収等で納税が完了する特定口座の特例があります。

（注2）　平成25年から令和19年までの各年分について、「所得税額×2.1％」の復興特別所得税が課されます。

なお、令和6年以降の適切な時期より、防衛力強化に係る財源確保のため、見直される予定です。

（注3）　一定の少額上場株式等に係る譲渡所得については、非課税措置があります。（16ページ参照）

(8) 山林所得

山林所得とは、保有期間5年超の山林の伐採又は譲渡による所得をいいます。

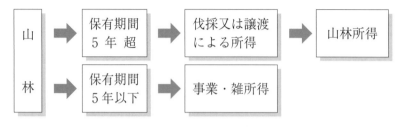

① 山林所得の金額

② 必要経費（概算経費控除）

必要経費は次のとおりですが、概算経費控除という簡略な方法が認められています。

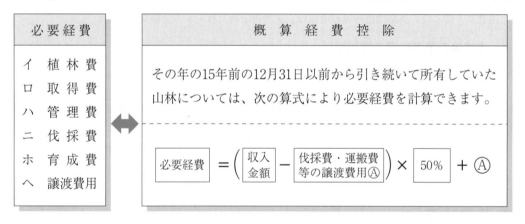

⑼　一時所得

一時所得とは、次の所得をいいます。

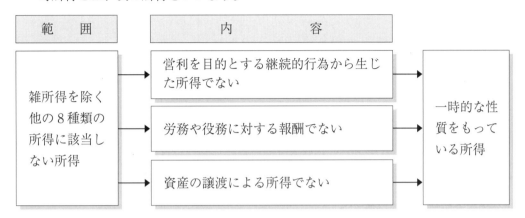

①　一時所得の金額

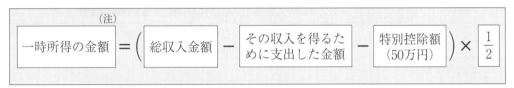

（注）　一時所得の金額のうち総所得金額に算入する金額

②　一時所得の例示

具体的には、次のものが一時所得となります。

懸賞の賞金等／競馬、競輪の払戻金等／生命保険の一時金／法人からの贈与により
取得した金品／借家人の立退料／売買契約の解除による手付金／遺失物拾得者等の
受ける報労金等　ｅｔｃ.

⑽　雑所得

雑所得とは、他の9種類の所得のいずれにも当たらない所得をいいます。

①　雑所得の金額

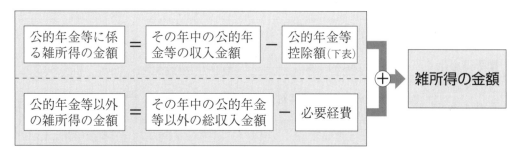

＜公的年金等控除額の計算式＞

①　65歳未満の場合

		公的年金等に係る雑所得以外の所得に係る合計所得金額		
		1,000万円以下	1,000万円超 2,000万円以下	2,000万円超
公的年金等の収入金額	130万円以下	60万円	50万円	40万円
	130万円超 410万円以下	公的年金等の収入金額 ×25％＋27.5万円	公的年金等の収入金額 ×25％＋17.5万円	公的年金等の収入金額 ×25％＋7.5万円
	410万円超 770万円以下	公的年金等の収入金額 ×15％＋68.5万円	公的年金等の収入金額 ×15％＋58.5万円	公的年金等の収入金額 ×15％＋48.5万円
	770万円超 1,000万円以下	公的年金等の収入金額 ×5％＋145.5万円	公的年金等の収入金額 ×5％＋135.5万円	公的年金等の収入金額 ×5％＋125.5万円
	1,000万円超	195.5万円	185.5万円	175.5万円

②　65歳以上の場合

		公的年金等に係る雑所得以外の所得に係る合計所得金額		
		1,000万円以下	1,000万円超 2,000万円以下	2,000万円超
公的年金等の収入金額	330万円以下	110万円	100万円	90万円
	330万円超 410万円以下	公的年金等の収入金額 ×25％＋27.5万円	公的年金等の収入金額 ×25％＋17.5万円	公的年金等の収入金額 ×25％＋7.5万円
	410万円超 770万円以下	公的年金等の収入金額 ×15％＋68.5万円	公的年金等の収入金額 ×15％＋58.5万円	公的年金等の収入金額 ×15％＋48.5万円
	770万円超 1,000万円以下	公的年金等の収入金額 ×5％＋145.5万円	公的年金等の収入金額 ×5％＋135.5万円	公的年金等の収入金額 ×5％＋125.5万円
	1,000万円超	195.5万円	185.5万円	175.5万円

※　所得控除一覧表

控　除　の　種　類	控　除　の　概　要
(1)　雑　損　控　除	災害・盗難等によって生じた損失の額につき、次のいずれか多い方の金額を控除できます。 　　①差引損失額－合計所得金額×10% 　　②災害関連支出の金額－50,000円 　(注)　差引損失額＝損害金額＋災害関連支出の金額－保険金等で補てんされる金額
(2)　医　療　費　控　除	次のいずれかを選択して適用します。 　① $$\left(\begin{array}{c}\text{支払った医}\\\text{療費の額}\end{array}-\begin{array}{c}\text{保険金等で補}\\\text{てんされる額}\end{array}\right)-\left(\begin{array}{c}\text{ⓐ10万円}\\\text{ⓑ合計所得金額×5\%}\\\text{ⓐとⓑのいずれか少な}\\\text{い方の金額}\end{array}\right)$$ 　　(注)　医療費控除額は最高200万円が限度です。 　②次の計算で求めた額が12,000円を超える場合、その超える 　　部分の金額（88,000円が限度） $$\left(\begin{array}{c}\text{支払った「特定一般用}\\\text{医薬品等」購入費の額}\end{array}-\text{保険金等で補てんされる額}\right)$$
(3)　社会保険料控除	その年中に支払った社会保険料の全額を控除
(4)　小規模企業共済 　　等掛金控除	その年中に支払った「共済掛金」「確定拠出年金の年金掛金」「心身障害者扶養共済掛金」の合計額を控除
(5)　生命保険料控除	（平成24年1月1日以後締結した保険契約（新契約）に係る分） ①支払額20,000円までの場合 ………………支払保険料の全額 ②支払額20,000円を超え、40,000円までの場合 　　………………………………支払保険料×$\frac{1}{2}$＋10,000円 ③支払額40,000円を超える場合 　　…………支払保険料×$\frac{1}{4}$＋20,000円（最高40,000円）

(5)　生命保険料控除	（注）　一般の生命保険料とは別枠で、介護医療保険料、個人年金保険料について控除でき、控除額は上記と同額です（最高40,000円）。したがって、生命保険料控除額は合わせて12万円が最高となります。	

（平成23年12月31日以前に締結した保険契約（旧契約）に係る分）

①支払額25,000円までの場合 ………………支払保険料の全額

②支払額25,000円を超え、50,000円までの場合

…………………………支払保険料 × $\frac{1}{2}$ + 12,500円

③支払額50,000円を超える場合

…………支払保険料 × $\frac{1}{4}$ + 25,000円（最高50,000円）

（注）　個人年金保険料について、一般の生命保険料とは別枠で控除でき、控除額は上記と同額です（最高50,000円）。

（新契約と旧契約の双方について適用を受ける場合）

　一般の生命保険料又は個人年金保険料につき、新契約と旧契約の双方に加入していて、双方について生命保険料控除の適用を受ける場合は、新契約については新契約の計算、旧契約については旧契約の計算でそれぞれ控除額を求め合計します。合計額はそれぞれ最高4万円が限度となります。これに介護医療保険料控除額があればそれを合計します。

(6)　地震保険料控除	①地震保険料	その年中に支払った地震保険料の金額の合計額（最高50,000円）
	②旧長期損害保険料	イ　支払額10,000円までの場合 　　……支払保険料の全額 ロ　支払額10,000円を超える場合 　　……支払金額 × $\frac{1}{2}$ + 5,000円（最高15,000円）
	③①と②の両方がある場合	① + ②（最高50,000円）

(7) 寄附金控除	寄附金の額（合計所得金額の40％が限度）－　2,000円

(8) 障害者控除	①一般の障害者1人につき……………………………………27万円 ②特別障害者1人につき……………………………………40万円 ③同居特別障害者1人につき………………………………75万円

(9) 寡婦控除	27万円

(10) ひとり親控除	35万円

(11) 勤労学生控除	27万円

(12) 配偶者控除	下表のとおり、納税者本人の合計所得金額とその配偶者の合計所得金額に応じた金額となります。

配偶者の合計所得金額	納税者本人の合計所得金額		
	900万円以下	900万円超 950万円以下	950万円超 1,000万円以下
48万円以下	38万円	26万円	13万円
老人控除対象配偶者	48万円	32万円	16万円

(13) 配偶者特別控除	下表のとおり、納税者本人の合計所得金額とその配偶者の合計所得金額に応じた金額となります。

配偶者の合計所得金額	納税者本人の合計所得金額		
	900万円以下	900万円超 950万円以下	950万円超 1,000万円以下
48万円超　95万円以下	38万円	26万円	13万円
95万円超100万円以下	36万円	24万円	12万円
100万円超105万円以下	31万円	21万円	11万円
105万円超110万円以下	26万円	18万円	9万円
110万円超115万円以下	21万円	14万円	7万円
115万円超120万円以下	16万円	11万円	6万円
120万円超125万円以下	11万円	8万円	4万円
125万円超130万円以下	6万円	4万円	2万円
130万円超133万円以下	3万円	2万円	1万円
133万円超	0円	0円	0円

⑭ 扶 養 控 除	①控除対象扶養親族1人につき…………………………38万円 （注）　控除対象扶養親族とは、扶養親族のうち、年齢16歳以上の者をいいます。扶養親族とは、納税者と生計を一にする親族等で合計所得金額が48万円以下の者をいいます。 ②特定扶養親族1人につき…………………………63万円 （注）　特定扶養親族とは、扶養親族のうち、年齢19歳以上23歳未満の者をいいます。 ③老人扶養親族1人につき…………………………48万円 （注）　老人扶養親族とは、扶養親族のうち、年齢70歳以上の者をいいます。 ④同居老人扶養親族1人につき………………………58万円
⑮ 基 礎 控 除	下表のとおり納税者本人の合計所得金額に応じた金額となります。

納税者本人の合計所得金額	基礎控除額
2,400万円以下	48万円
2,400万円超　2,450万円以下	32万円
2,450万円超　2,500万円以下	16万円
2,500万円超	――

4　所得税額の計算●●●

　各種の所得金額（分離課税又は源泉分離課税の対象となる所得を除きます）の合計額（総所得金額）から所得控除額の合計額を差し引いた金額が課税総所得金額となります。この課税総所得金額（1,000円未満切捨て）に次の所得税の速算表を適用し税額を計算することとなります。

所得税額の速算表

課税所得金額 A		税率 B	控除額 C
	195万円以下	5%	——
195万円超	330万円以下	10%	97,500円
330万円超	695万円以下	20%	427,500円
695万円超	900万円以下	23%	636,000円
900万円超	1,800万円以下	33%	1,536,000円
1,800万円超	4,000万円以下	40%	2,796,000円
4,000万円超		45%	4,796,000円

※　A × B − C ＝所得税額（100円未満切捨て）

【計算例】

　事業所得の金額400万円、不動産所得の金額200万円、所得控除の合計額150万円の場合

　400万円＋200万円＝600万円（総所得金額）

　600万円−150万円＝450万円（課税総所得金額）

　450万円×20％−427,500円＝472,500円（所得税額）

（注）　東日本大震災からの復興財源確保のため、平成25年から令和19年までの各年分について、「所得税額（税額控除（外国税額控除を除きます）後）×2.1％」の復興特別所得税が課されます。

　　　　なお、令和6年以降の適切な時期より、防衛力強化に係る財源確保のため、見直される予定です。

5　税額控除●●●

　所得税額からは、次に掲げる配当控除や外国税額控除、さらには細かな要件を付された住宅借入金等特別控除などの税額控除を差し引くことができます。

　また、源泉徴収された税額があるときは、その金額を所得税額から差し引いて申告納税額を計算します。この申告納税額（事業所得者等予定納税額を納付している場合は、その金額を差し引いた残額）を確定申告により納付します。

(1)　配当控除

　法人から株式の配当金を受け取る場合、その配当金にはすでに法人税が課税されています。その課税済みの配当に再び所得税をかければ、二重課税となるので、これを排除するためこの控除があります。配当控除額の算式は次のとおりです。

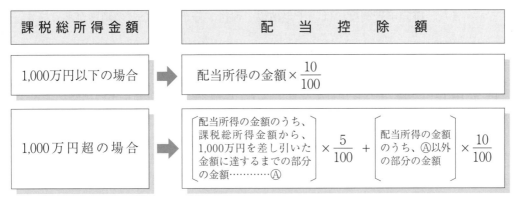

（注）　証券投資信託の収益の分配、一般外貨建等証券投資信託の収益の分配がある場合は、上記算式の控除率が$\frac{1}{2}$又は$\frac{1}{4}$となります。

(2)　外国税額控除

　外国から得た所得についてもすでにその国の法律に基づいて税金を納付している場合に、我が国で課税すれば二重課税となるため、これを排除するものです。外国税額控除額の算式は次のとおりです。

【令和6年定額減税】

　令和6年分の所得税については、定額（本人、同一生計配偶者及び扶養親族1人につき最高3万円）による所得税額の特別控除があります（令和6年度分の個人住民税についても、定額（本人、控除対象配偶者及び扶養親族1人につき最高1万円）による所得割額の特別控除があります）。なお、本人の合計所得金額が1,805万円を超える場合は定額減税の対象となりません。

6　確定申告制度●●●

　所得税は、毎年1月1日から12月31日までの所得金額について、翌年2月16日から3月15日までの期間に、納税地の税務署長に確定申告書を提出し、納税することになっています。また、確定申告制度には、予定納税・還付・修正申告などの制度があります。

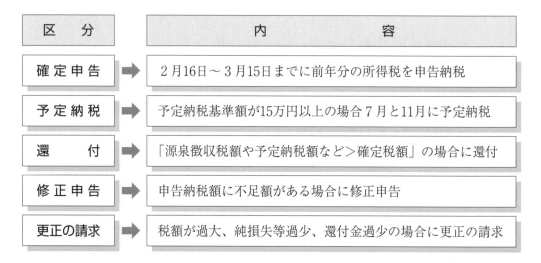

区　　分	内　　　　容
確 定 申 告 ➡	2月16日〜3月15日までに前年分の所得税を申告納税
予 定 納 税 ➡	予定納税基準額が15万円以上の場合7月と11月に予定納税
還 　 付 ➡	「源泉徴収税額や予定納税額など＞確定税額」の場合に還付
修 正 申 告 ➡	申告納税額に不足額がある場合に修正申告
更正の請求 ➡	税額が過大、純損失等過少、還付金過少の場合に更正の請求

　一方、給与所得者については、通常、給与の支払者が行う年末調整により年税額の精算が行われますので、確定申告の必要はありませんが、次に掲げる人は確定申告の義務があります。

①	一か所から給与等の支払を受けている人で、給与所得及び退職所得以外の所得金額の合計額が20万円を超える人
②	二以上の給与等の支払者から給与等の支払を受けている人 　ただし、所得金額によっては確定申告を要しない場合があります。
③	その年において給与所得を有する居住者で、その年中に支払を受けるべき給与等の金額が2,000万円を超える人（この人は、年末調整の対象となりません）
④	同族会社の役員でその会社から地代家賃等を受け取っている人

（注）　なお、不動産所得、事業所得又は山林所得を生ずべき業務を行う人（青色申告者を除きます）が確定申告書を提出する場合には、これらの所得に係るその年中の総収入金額及び必要経費の内容を明らかにする書類を確定申告書に添付しなければなりません。

7　源泉徴収制度●●●

　給料や報酬、利子や配当などの支払者が、それらを支払う際に一定の所得税を差し引いて納税する制度で、次の所得が対象となります。

種　　　類	区　　　　　分	税　　率[注1]
①　利子所得	イ　特定公社債等の利子等	15%
	ロ　預貯金の利子等、イ以外の利子	
②　配当所得	イ　一定の上場株式等の配当[注2]	15%
	ロ　イ以外の株式等の配当	20%
	ハ　私募公社債等運用投資信託等の収益の分配金	15%
③　譲渡所得	イ　一定の上場株式等[注2]	15%
	ロ　イ以外の非上場株式等	
④　給与所得	――――	「給与所得の源泉徴収税額表」による
⑤　退職所得	イ　「受給に関する申告書」を提出したとき	「所得税の速算表」による
	ロ　「受給に関する申告書」を提出しないとき	20%
⑥　事業所得、譲渡所得、雑所得又は一時所得	㋑　原稿料、講演料等 ㋺　弁護士、税理士等の報酬 ㋩　社会保険診療報酬 ㊁　プロ野球選手、集金人等の報酬 ㋭　金融類似商品の所得　　ｅｔｃ.	10〜20%

（注1）　東日本大震災からの復興財源確保のため、平成25年から令和19年までの各年分について、「所得税額×2.1％」の復興特別所得税が課されます。

　　　　　なお、令和6年以降の適切な時期より、防衛力強化に係る財源確保のため、見直される予定です。

（注2）　一定の少額上場株式等に係る配当所得及び譲渡所得等については、非課税措置があります。（16ページ参照）

8　青色申告制度●●●

　事業所得、不動産所得、山林所得のある人は、一定の帳簿を備え付け、青色申告をしようとする年の3月15日までに税務署長に「青色申告の承認申請書」を提出して、承認を受ければ、「青色申告書」で申告することができます。

　青色申告者は、それ以外の白色申告者と異なり次のような特典があります。

---

① 青色専従者給与

　青色事業専従者給与が必要経費に算入できます。

---

② 青色申告特別控除

(a)　55万円控除……不動産所得又は事業所得を生ずべき事業を営む青色申告者で一定の帳簿を備え付ける等を条件に、不動産・事業所得の金額から55万円（所得金額を限度とします）を控除できます。さらに電子申告（e-Tax）で申告又は優良な電子帳簿の要件を満たして電子帳簿保存を行う場合は65万円とされます。

(b)　10万円控除……(a)以外の青色申告者は、不動産・事業・山林所得の金額から10万円（所得金額を限度とします）を控除できます。

---

③ 各種の引当金、準備金の設定

　貸倒引当金などの各種の引当金、準備金の設定による必要経費算入ができます。

---

④ 家事関連費の取扱い

　家事関連費のうち取引記録に基づいて、事務の遂行上必要と認められる部分の経費の必要経費算入の取扱いができます。

---

⑤ 減価償却資産の耐用年数の短縮と増加償却、陳腐化償却

　物理的、機能的、経済的の3方面からアプローチした減価が法定耐用年数と著しく相違している場合には、耐用年数の短縮や増加償却などができます。

⑥　純損失の繰越控除、純損失の繰戻し

　　純損失が発生した場合には前年分の所得に達するまで繰戻控除し、前年納付の税金を還付します。また、純損失が発生した場合には、この純損失を翌年以後3年間に繰り越して各年分の所得から控除でき、この損失を埋めるまで税金を支払わなくてもよいことになっています。

⑦　棚卸資産の評価の際の低価法の採用

　　届け出た評価方法で評価した原価と時価とを比較して、その低い方の価額で在庫品を評価することができます。

⑧　更正の制限と更正の理由付記

　　青色申告者の申告所得は、帳簿を調査した上でなければ更正されません。また申告額を更正するときは、更正通知書に更正理由を書くことになっています。

⑨　小規模事業者の収入及び費用の帰属

　　小規模の事業所得か不動産所得のある者は、現金の収入と支払だけを基本として所得の算定ができます。

9　所得税に関する会計処理例●●●

例1　千葉商店主は、1月分店員4名分の給料50万円の支払に際し、所得税6,000円を差し引き、残りを現金で支払った。

（借方）　給料手当	500,000	（貸方）　預かり金	6,000
		現　　金	494,000

例2　千葉商店主は、店員の給料から源泉徴収した所得税6,000円を、現金で千葉東税務署に納付した。

（借方）　預かり金	6,000	（貸方）　現　　金	6,000

例3　神奈川商店主は、青色専従者である神奈川幸子の給料 5 万円を現金で支払った。

（借方）　青色専従者給料　　50,000　　/　（貸方）　現　　　金　　　50,000

例4　埼玉商店主は、事業税 3 万7,000円の納税通知書を受け取った。

（借方）　租税公課　　　　　37,000　　/　（貸方）　未 払 金　　　37,000

例5　茨城商店主は、本年分所得税の予定納税第 1 期分として25万円を 7 月25日現金で納付した。

（借方）　店主貸し　　　　250,000　　/　（貸方）　現　　　金　　　250,000

　所得税の支払は必要経費となりません。このため店主貸しでも、引出金でも事業主勘定でもよい。

例6　新潟税理士は、所得税の確定申告により 4 月10日、15万円の所得税の還付を受けた。税金は事業上の取引銀行である新潟銀行普通預金に振り込まれた。

（借方）　銀行預金　　　　150,000　　/　（貸方）　店主借り　　　150,000

例7　山梨電器店の店主は、営業に関係ない私的な謝礼のため、店の 5 万円の商品を使用した。

（借方）　事業主貸し　　　50,000　　/　（貸方）　売　　　上　　　50,000

例8　大阪商店は、店舗の修繕を行った。その金額は200万円であり、小切手を振り出して支払った。このうち資本的支出は150万円である。

（借方）　修 繕 費　　　　500,000　　/　（貸方）　当座預金　　2,000,000
　　　　　建　　物　　　1,500,000

例9　福岡商店は、什器備品を購入し、その代金100万円を小切手を振り出して支払った。このうち、 8 万円のものは消耗品として処理した。

（借方）　什器備品　　　　920,000　　/（貸方）　当座預金　　1,000,000
　　　　　消耗品費　　　　 80,000

練習問題

（解答は86ページにあります）

問 1 福島商店の下記取引の仕訳を示しなさい。

(1) 店主は、9月分店員3名の給料40万円の支払に際し、所得税4,530円を差し引き、残額は現金で支払った。

(2) 店主は、事業税4万8,000円の納税通知書を受け取った。

(3) 店主は、営業に関係のない私的謝礼のため6万円の商品を使用した。

(4) 店主は、金庫7万円を購入し、代金は現金で支払った。

No.	借 方 科 目	金　　　額	貸 方 科 目	金　　　額
(1)				
(2)				
(3)				
(4)				

問 2 次の文章の □□□□ の中に、下記語群より適当な語句を選び記入しなさい。ただし、不適当な語句があるので注意すること。

1．利子所得とは、公社債・預貯金の利子、□ イ □・公社債投資信託・公募公社債等運用投資信託の収益に係る所得をいう。

2．配当所得とは、利益・利息の配当、□ ロ □、基金利息、投資信託等の収益の分配に係る所得をいう。

3．不動産所得とは、不動産、□ ハ □、船舶の貸付による所得をいう。

4．事業所得とは、農業、漁業、□ ニ □、卸売業、小売業、サービス業その他の事業から生ずる所得をいう。

語群

a　合同運用信託　　　　b　金銭の貸付　　　　c　特許権の使用料

d　学校債の利子　　　　e　剰余金の分配　　　　f　一時恩給

g　不動産の上に存する権利　h　製造業　　　　i　居住用資産の譲渡

47

イ	ロ	ハ	ニ

問 3 次の計算式の空欄に適当な文字を書き入れて完成させなさい。

1．総収入金額－支出した金額の合計額－□□□□＝一時所得の金額

2．□□□□－給与所得控除額＝給与所得の金額

3．（収入金額－□□□□）×$\frac{1}{2}$＝退職所得の金額

4．総収入金額－□□□□－特別控除額＝山林所得の金額

5．□□□□－必要経費＝事業所得の金額

問 4 次の(1)、(2)の文章は、所得の意義について述べたものである。文章の空欄に下記語群より適切なものを選び記号で答えなさい。

(1) 所得税の課税対象である　1　の意味は、簡単に言えば『個人が一定期間内に得た経済的利益』のことである。これを正確に定義付けようとするといろいろの学説に分けることができる。一般に、通説と言われるものに　2　と純資産増加説がある。所得源泉説は、所得を『一定期間内における労働、事業、資産などから継続的に生ずる　3　から、これを得るために要した　4　を差し引いた額』と定義している。純資産増加説は、所得を『一定期間における財産の増加額から減少額の総額を控除した純増加額』と定義している。現在、我が国の場合、　5　に近い考え方であると言われている。

語群

a　所得　　b　所得源泉説　　c　純資産増加説　　d　必要経費　　e　収入

1	2	3	4	5

(2) 所得は、発生の態様によってさまざまな種類に分けられる。このように　6　を分類するのは、所得の種類によって　7　に差があるからである。所得を　8　の対象とするに当たって、　9　は、このような所得のさまざまな態様にきめ細かい配慮を加えて課税の　10　を図っている。

語群

| a | 公平 | b | 所得 | c | 所得税法 | d | 担税力 | e | 課税 |

6	7	8	9	10

問 5　次の文章の _____ の中に、下記語群より適当な語句を選び記入しなさい。

1．配当所得とは、例えば、法人から受ける利益の配当や、公社債投資信託及び公募公社債等運用投資信託以外の ___ア___ の収益の分配に係る所得をいう。

2．不動産所得とは、不動産、不動産の上に存する権利、船舶又は ___イ___ の貸付による所得をいう。

3．事業所得とは、農業、漁業、___ウ___ などの事業から生ずる所得をいう。

4．譲渡所得とは、資産の ___エ___ による所得をいう。ただし、棚卸資産などは除く。

5．一時所得とは、利子、配当、不動産、事業、給与、退職、山林及び譲渡の各所得以外の所得のうち、___オ___ を目的とする継続的行為から生じた所得以外の一時の所得で、労務その他の役務又は資産の譲渡の対価としての性質を有しないものをいう。

語群

| a | 航空機 | b | 販売 | c | 譲渡 | d | 製造業 | e | 投資信託 |
| f | 合同運用信託 | g | 営利 | h | 貸付 | i | 建物 | j | 土地 |

ア	イ	ウ	エ	オ

問 6　次の文章の _____ の中に下記語群より適当なものを選び記号で答えなさい。同じ語を何回用いてもよろしい。

1．所得税の課税方法には、____課税・____課税・____課税の３つがある。

2．所得税の徴収方法には、____徴収・____徴収・____納税の３つがある。

3．____所得・____所得・____所得を有する者は、所轄税務署長の承認を受けた場合は、確定申告書又は損失申告書を青色申告書によって提出することができる。

4．課税標準が大きくなるにつれて税率が高くなることを _____ という。

語群

　イ　賦課　　ロ　累進税率　　ハ　申告　　ニ　源泉　　ホ　事業　　ヘ　不動産　　ト　山林

49

問7 次の文章は、下記の用語を説明したものです。適切なものを選び記号で答えなさい。

1．納税者が自ら課税標準及び税額を計算し、これを申告し、かつその税額を納付することである。

2．給与等の支払の際、支払者が所得税を徴収することである。

3．年末の最終の給与支払のとき、源泉徴収をした所得税額を精算することである。

用語

イ　源泉徴収　　ロ　申告納税　　ハ　年末調整

1	2	3

問8 次の □ の中に適切な語句を下記の語群より選び記号で答えなさい。

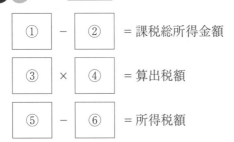

$$ ① - ② = 課税総所得金額 $$

$$ ③ × ④ = 算出税額 $$

$$ ⑤ - ⑥ = 所得税額 $$

語群

イ　税率　　ロ　総所得金額　　ハ　所得控除　　ニ　税額控除　　ホ　算出税額

ヘ　課税総所得金額

①		②		③		④		⑤		⑥	

問9 次の □ の中に適当な語を、下記語群より選び記号で答えなさい。ただし、同じ語句を何度使用してもよろしい。

語群

　　a　退職所得金額　　b　山林所得金額　　c　申告納税額

　　d　算出税額　　e　税率　　f　課税総所得金額

　　g　課税山林所得金額　　h　税額控除額　　i　所得控除額

ア	イ	ウ	エ	オ	カ	キ	ク	ケ	コ

問⑩ 次の □□□□ の中に適当な語句を、下記語群より選び記号で答えなさい。同じ語句を何度使用してもよろしい。

$\boxed{ア}$ ＋ $\boxed{イ}$ ＋ $\boxed{ウ}$ ＋ $\boxed{エ}$ ＋ $\boxed{オ}$ ＋総合短期譲渡所得の金額

$$+ (総合長期譲渡所得の金額 + \boxed{カ}) \times \frac{1}{2} = 総所得金額$$

$\boxed{キ}$ －所得控除額＝ $\boxed{ク}$

$\boxed{ケ}$ ×税率＝算出税額

算出税額－税額控除額＝所得税額

語群

1．課税総所得金額　　2．利子所得の金額　　3．総所得金額

4．事業所得の金額　　5．雑所得の金額　　6．一時所得の金額

7．給与所得の金額　　8．不動産所得の金額　　9．配当所得の金額

ア	イ	ウ	エ	オ	カ	キ	ク	ケ

問⑪ 白河一郎（57才）が、本年中に受け取った給料・賞与の手取額は600万円であった。なお、控除された源泉所得税、社会保険料の合計額は100万円である。よって、次の給与所得控除額算定の資料により、同人の給与所得の金額を計算しなさい。

資料　給与所得控除額の計算式

給与所得の収入金額	計　　算　　式
360万円超　660万円以下	116万円＋（収入金額－360万円）×0.2
660万円超　850万円以下	176万円＋（収入金額－660万円）×0.1

(1)　給与所得の収入金額

　　※ ＋・－のいずれかを○で囲むこと。

　　| | 円 | $\pm$ | | 円 | ＝ | | 円 |

(2)　給与所得控除額

　　| | 円 | ＋（ | | 円 | － | | 円 ） | × | 0. | | ＝ | | 円 |

(3)　給与所得の金額

　　| | 円 | － | | 円 | ＝ | | 円 |

問⑫ 所得税法では、所得を発生形態によって10種類に分けて計算することになっている。その各種所得を書きなさい。

1		2		3		4		5	
6		7		8		9		10	

問⑬ 次の文章は税法に関連する用語を説明したものである。該当する用語を下記語群から選び、解答欄に記号で記入しなさい。

1．納税者が自ら、課税標準と納付税額を計算して申告し納税する制度

2．居住者の親族（その居住者の配偶者を除く。）でその居住者と生計を一にするもの（青色事業専従者等を除く。）のうち、合計所得金額が48万円以下のもの

3．不動産所得、事業所得又は山林所得を生ずべき業務を行う居住者で、所定の帳簿書類を備えている者が、所轄税務署長の承認を受けて、一定の申告用紙で申告を行うことで、税制上の優遇を受けることができる制度

4．税金を実質的に負担する人と納税義務者が異なる税金

5．給与所得者の所得税について、その年最後の給与等の支払時に行う精算手続

〈語　群〉

ア．間接税　イ．扶養親族　ウ．年末調整　エ．青色申告制度　オ．申告納税制度

解答欄	1	2	3	4	5

問 14 次の資料によって、事業所得の金額を計算しなさい。

〈資 料〉

(1) 総収入金額

商品売上高　　　　6,674,000円

雑　収　入　　　　1,429,000円

(2) 必要経費

年初商品棚卸高　　　597,000円

当年商品仕入高　　3,998,000円

年末商品棚卸高　　　432,000円

販売費及び一般管理費　1,748,000円

売上金額(雑収入を含む)		円
売上原価	年初商品棚卸高	円
	当年商品仕入高	円
	小　　　　計	円
	年末商品棚卸高	円
	売　上　原　価	円
経　　　　　　費		円
事業所得の金額		円

問 15 次の取引の仕訳をしなさい。ただし、勘定科目については、〈科目〉欄に掲げられた科目を使用するものとする。

1．店主は、店主の友人に対する贈答品として店の商品17万円を使用した。

2．店主は、従業員2人分の本月分給与58万円について、源泉所得税1万3,000円を控除し、残額を現金で支払った。

3．店主は、所得税62万円、住民税48万円、事業税25万円を現金で納付した。

4．店主は、当月分の電気代6万2,000円を小切手を振り出して支払ったが、このうち1万9,000円は家事のために使用したものと認められる。

5．店主は、前年分所得税に対する還付金19万3,000円が普通預金口座に振り込まれたとの通知を受けた。

〈科目〉	現　　　金	当座預金	普通預金	事業主貸	所得税預り金
	事業主借	売　　　上	給　　　料	光熱費	租税公課

	借方科目	借方金額	貸方科目	貸方金額
1				
2				
3				
4				
5				

問 16 全経太郎（52歳）の本年の総所得金額は計算により876万2,000円であった。ただし、所得控除額は176万9,000円である。よって、所得税の速算表により、同人の所得税額を計算しなさい。

所 得 税 の 速 算 表

課 税 総 所 得 金 額		税 額 の 計 算 式
	1,950,000円以下	課税総所得金額×　5％
1,950,000円超	3,300,000円以下	課税総所得金額×10％ －　　97,500円
3,300,000円超	6,950,000円以下	課税総所得金額×20％ －　427,500円
6,950,000円超	9,000,000円以下	課税総所得金額×23％ －　636,000円
9,000,000円超	18,000,000円以下	課税総所得金額×33％ －1,536,000円
18,000,000円超	40,000,000円以下	課税総所得金額×40％ －2,796,000円
40,000,000円超		課税総所得金額×45％ －4,796,000円

（注）計算式の ▢ の中に、＋・－・×・÷・＝のうち適切な符号を記入しなさい。

1 ．課税総所得金額 　▢ 円 ▢ 　▢ 円 ▢ 　▢ 円

2 ．所 得 税 額 　▢ 円 ▢ 　▢ ％ ▢ 　▢ 円 ▢ 　▢ 円

第**3**章

法 人 税 法

1 法人税の概要●●●

　法人税は、所得税、消費税と並ぶ、税収入3本柱の1つです。

　所得税は、個人の所得に課税されるのに対し、法人税は法人の所得＝会社の利益に対して課税される税金です。

(1) 納税義務者と法人の種類

　法人税の納税義務者は法人ですが、次の区分によりそれぞれ納税義務等が規定されています。国内に本店又は主たる事務所を有する法人を内国法人といいます。内国法人以外の法人を外国法人といいます。

	区　　分	例　　　示
内国法人	① 公　共　法　人	地方公共団体、日本放送協会等
	② 公　益　法　人　等	宗教法人、学校法人、公益財団法人・公益社団法人、非営利型の一般財団法人・一般社団法人等
	③ 協　同　組　合　等	農業協同組合、信用金庫等
	④ 人格のない社団等	ＰＴＡ、同窓会等
	⑤ 普　通　法　人	株式会社、合同会社等（①〜④以外のもの）
外国法人	① 人格のない社団等	内国法人の④と同じもの
	② 普　通　法　人	①以外の法人

⑵　課税所得等の範囲

　課税所得等の範囲は、次の区分によります。

区　　　分		課税所得等（各事業年度の所得）
内国法人	公　共　法　人	納　税　義　務　な　し
	公　益　法　人　等	収益事業課税（低　税　率）
	協　同　組　合　等	課　　　税（低　税　率）
	人格のない社団等	収益事業課税（普通税率）
	普　通　法　人	課　　　税（普通税率）
外国法人	人格のない社団等	国内源泉所得のうち収益事業課税
	普　通　法　人	国内源泉所得課税（普通税率）

⑶　事業年度及び納税地

①　事業年度

　会社は、会社法の規定によって、1年以下の期間を区切ってこれを営業年度として、定款等で定めることになっていますが、法人税では、これを事業年度と呼び、課税所得の計算期間としています。したがって、法人税の課税は、事業年度を半年としている会社には年に2回行われ、事業年度を1年としている会社には年1回だけ行われることになります。

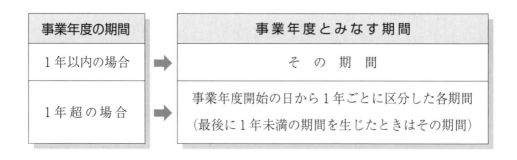

事業年度の期間	事業年度とみなす期間
1年以内の場合	そ　の　期　間
1年超の場合	事業年度開始の日から1年ごとに区分した各期間（最後に1年未満の期間を生じたときはその期間）

②　納税地

 内国法人の法人税の納税地は、その本店又は主たる事務所の所在地です。ただし、その納税地が不適切であると認められるときは、法人税法第18条により国税局長が納税地を指定することがあります。

⑷　青色申告制度

　法人が所定の帳簿書類を備え付け、税務署長の承認を受けたときは、青色申告書を提出できます。青色申告法人は税法上、次の特典があります。

① 　欠損金の10年間繰越控除 ^(注)

② 　減価償却資産の特別償却、割増償却

③ 　各種準備金の積立額の損金算入　etc.

（注）　平成30年3月31日までに開始する事業年度において生じた欠損金額については、繰越期間は9年とされています。

⑸　法人税の基本用語

①　人格のない社団等

　法人でない社団又は財団で代表者又は管理人の定めがあるものをいい、その収益事業以外から生じた所得については課税されません。

②　申告（決算）調整

　税務調整には、決算時に調整する必要のあるもの（減価償却資産の償却費の損金算入など）と申告時に調整すればよいもの（還付金等の益金不算入など）があります。

③　損金経理

　法人がその確定した決算において費用又は損失として経理することをいいます。

④　益金（損金）不算入

　企業会計上では益金（損金）の額に算入されるが、法人税法上は算入されないものをいいます。

⑤　**資本的支出と修繕費**

　法人が有する固定資産の修理・改良のための支出のうち、価値の増加や耐久性の増加があれば資本的支出となり、維持管理や原状回復は修繕費となります。

⑥　**圧縮記帳**

　固定資産の取得価額の一部を損金算入できる制度で、課税繰延べの効果があり、国庫補助金で固定資産を取得した場合などに適用されます。

⑦　**留保金課税**

　通常、会社からの配当には所得税が課されますが、同族会社では、利益を配当にはせず社内に留保する傾向があります。そこで一定の同族会社では、この留保された一定額以上の金額に対して、特別な課税をすることになっています。

⑧　**特別償却**

　租税特別措置法で定める減価償却資産の償却の特例制度のことをいいます。

2　法人税法上の「所得」 ●●●

　法人税の課税標準は、各事業年度の所得の金額です。この各事業年度の所得の金額に税率を乗じて法人税の額を計算します。

(1)　所得の金額

　内国法人の各事業年度の所得の金額は、その事業年度の益金の額からその事業年度の損金の額を控除した金額です。益金、損金の額は一般に公正妥当と認められる会計処理の基準に従って計算された利益を申告調整（加算・減算）し、計算します。

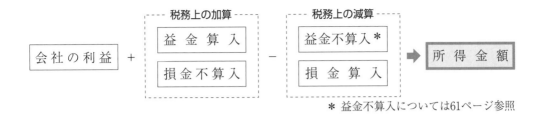

＊ 益金不算入については61ページ参照

(2) 益金の額

　益金とは、その事業年度の次の取引に係る収益の額をいいます。

取　引　区　分	
① 資産の販売	
② 有償又は無償による資産の譲渡	
③ 有償又は無償による役務の提供	益
④ 無償による資産の譲受け	金
⑤ そ　の　他	

(3) 損金の額

　損金とは、その事業年度の次の取引の額をいいます。

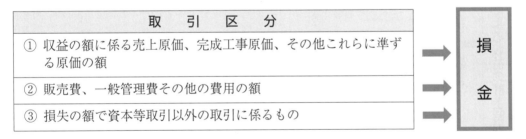

取　引　区　分	
① 収益の額に係る売上原価、完成工事原価、その他これらに準ずる原価の額	損
② 販売費、一般管理費その他の費用の額	金
③ 損失の額で資本等取引以外の取引に係るもの	

3　損益の帰属事業年度●●●

　企業会計では期間を区切って営業成績をみるので、その期間に帰属させる収益・費用の範囲を決めることが重要ですが、税法においても、期間計算は税金の納税時期に関連しているので細かい規定があります。

①　商品等の販売

　商品等、棚卸資産の販売による収益は、代金の受取りに関係なく、その商品等を相手に引き渡した日を含む事業年度の益金又は損金の額に算入します。

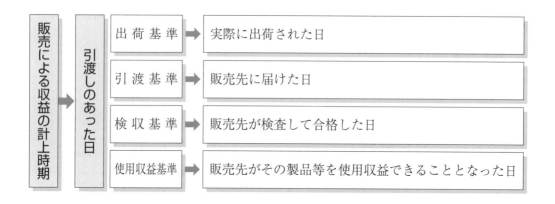

②　委託販売

　委託販売による収益の計上時期は、次のとおりです。

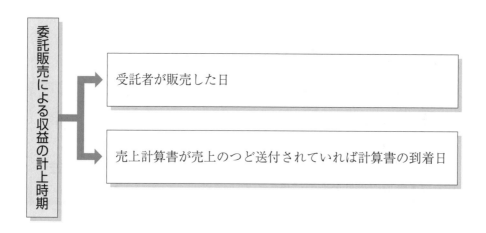

③　長期割賦販売

　長期割賦販売に該当する資産の販売や工事の請負をした場合、支払期日の到来した賦払金の合計金額に応じて経理する延払基準の方法によって、収益費用を各期に分割して計上できます。長期割賦販売等は次の要件を満たすものをいいます。

長期割賦販売の適用要件	①　3回以上分割して支払を受けること
	②　引渡し後の賦払期が 2 年以上であること
	③　引渡し日までに支払われた金額が合計額の $\frac{2}{3}$ 以下であること

4　益金不算入●●●●

税法において次のものは、益金の額に算入されません。

①　受取配当等の益金不算入

　法人が他の法人から受け取る利益の配当等の額は、企業会計上は収益として計上されますが、法人税の所得金額の計算上、その全部又は一部の金額は益金の額に算入しないこととされています。

②　資産の評価益の益金不算入

　内国法人がその有する資産の評価換えをしてその帳簿価額を増額した場合には、その増額をした部分の金額は、更生手続に伴う評価換えや会社の組織変更の場合など特別な場合を除き、各事業年度の所得の金額の計算上、益金の額に算入しません。

③　還付金等の益金不算入

　内国法人が法人税等の還付を受け、又はその還付を受けるべき金額が未納の国税もしくは地方税に充当される場合には、各事業年度の所得の金額の計算上、その金額は益金の額に算入しません。

5　損金の額の計算●●●

(1)　棚卸資産

棚卸資産の評価は、売上原価を計算する上で非常に重要です。

$$売上原価 ＝ 期首棚卸高 ＋ 当期仕入高 － 期末棚卸高$$

①　棚卸資産の範囲

棚卸資産とは、次のものをいいます。

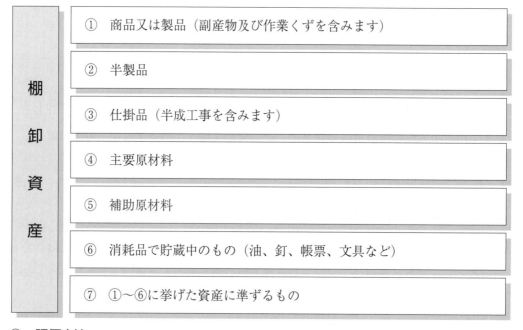

棚卸資産	①　商品又は製品（副産物及び作業くずを含みます）
	②　半製品
	③　仕掛品（半成工事を含みます）
	④　主要原材料
	⑤　補助原材料
	⑥　消耗品で貯蔵中のもの（油、釘、帳票、文具など）
	⑦　①～⑥に挙げた資産に準ずるもの

②　評価方法

棚卸資産の評価方法は、原価法と低価法があり、原価法はさらに6つに区分されます。これらのうちから、会社の営業の種類と資産の種類に応じて評価方法を選び、確定申告書の提出期限までに税務署長に届け出ます。評価方法を選定しなかった場合は、最終仕入原価法で評価します。

なお、評価方法を変更したいときは、「変更承認申請書」を税務署に提出しなければなりません。

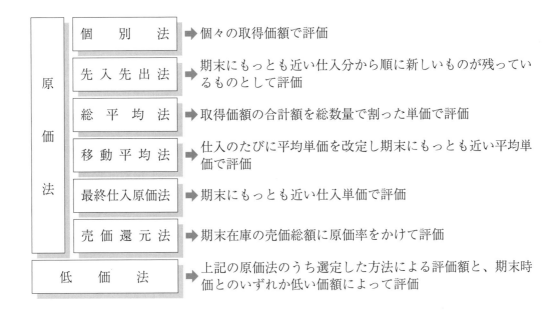

原価法	個 別 法	➡	個々の取得価額で評価
	先 入 先 出 法	➡	期末にもっとも近い仕入分から順に新しいものが残っているものとして評価
	総 平 均 法	➡	取得価額の合計額を総数量で割った単価で評価
	移 動 平 均 法	➡	仕入のたびに平均単価を改定し期末にもっとも近い平均単価で評価
	最終仕入原価法	➡	期末にもっとも近い仕入単価で評価
	売 価 還 元 法	➡	期末在庫の売価総額に原価率をかけて評価
低 価 法		➡	上記の原価法のうち選定した方法による評価額と、期末時価とのいずれか低い価額によって評価

⑵　有価証券

①　有価証券の範囲

税法にいう有価証券とは、次のものをいいます。

有価証券	①　国債証券	⑤　株券
	②　地方債証券	⑥　受益証券
	③　社債券	⑦　その他のもの
	④　（優先）出資証券	

②　評価方法と評価損益

期末における有価証券の評価方法は次の区分により行い、時価法及び償却原価法により評価する場合の評価損益や調整差損益は、益金の額又は損金の額に算入します。

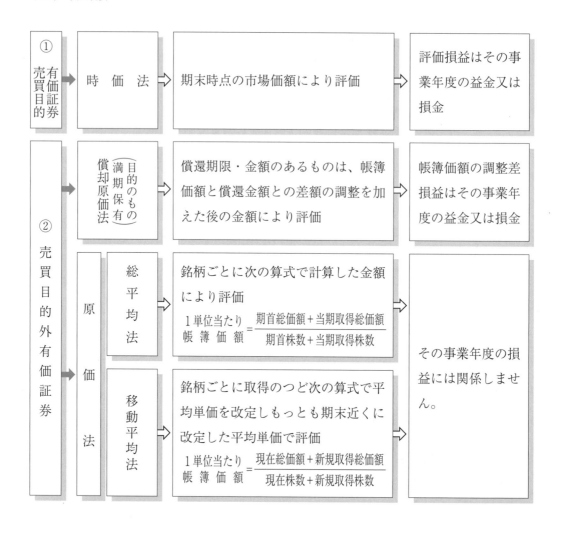

③　取得価額

有価証券の取得価額は、その取得方法により区分されます。

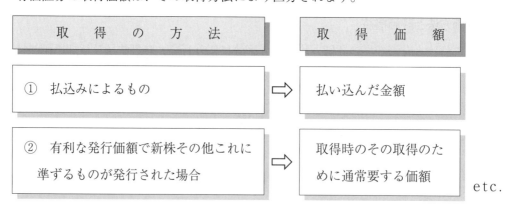

etc.

④　譲渡損益

　法人が有価証券の譲渡をした場合には、その譲渡利益額又は譲渡損失額を益金の額又は損金の額に算入します。

　譲渡損益＝譲渡対価－（1単位当たり帳簿価額×譲渡数）

(3)　減価償却

　建物、機械など、使用により価値が減っていくものの取得費については、購入時の費用とせず、それぞれの資産に応じた方法により減価償却していくことになります。

①　減価償却資産の範囲

イ　有形減価償却資産	㋑建物及び建物附属設備　㋺構築物　㋩機械及び装置　㊁船舶、航空機　㋭車両、運搬具、工具、器具、備品
ロ　無形減価償却資産	鉱業権、漁業権、特許権、商標権、営業権など
ハ　生物	牛、馬、豚、果樹など

②　少額の減価償却資産の損金算入

　減価償却資産で取得価額が10万円未満であるもの（貸付け用のものを除きます。）又は使用可能期間が1年未満であるものはこれを事業の用に供した事業年度においてその取得価額を損金の額に算入します。

③　取得価額

イ　購入の場合	購入代金(引取運賃、荷役費、購入手数料を含む)
ロ　自己製作の場合	材料費、人件費、その他の経費

④　償却方法

減価償却資産の区分に応じて次のとおりです。

選択できる償却方法の範囲

資　産　の　区　分	定額法	定率法	生産高比例法
①　有形減価償却資産（③を除く）	○	○	―
建物、平成28年1月以後に取得した建物附属設備及び構築物	○	―	―
②　無形減価償却資産（④を除く）	○	―	―
③　鉱 業 用 減 価 償 却 資 産	○	○	○
平成28年4月1日以後に取得した鉱業用の建物、建物附属設備及び構築物	○	―	○
④　鉱　　　　業　　　　権	○	―	○
⑤　生　　　　　　　　　物	○	―	―

主な償却方法は定額法と定率法ですが、所得税のところですでに述べていますので（27ページ参照）そちらをご覧ください。

(4)　繰延資産の償却

繰延資産とは、会社が支出した費用で、その支出効果が1年以上に及ぶものをいいます。

次の繰延資産は任意償却が認められているためその支出の全額が償却限度額となりますが、その他の繰延資産は支出の効果の及ぶ期間で按分した金額がその事業年度の償却限度額です。

	項　　　目	内　　　容	
繰延資産	①　創　　業　　費	設立費のうちその法人が負担したもの	任意償却
	②　開　　業　　費	設立後、実際に開業するまでの準備費用	
	③　開　　発　　費	新技術の採用などにかかる費用	
	④　新 株 発 行 費	株券等の印刷費など新株発行の費用	
	⑤　社 債 発 行 費	社債券等の印刷費などに係る費用	

⑸　資産の評価損

　法人が資産を評価換えしてその帳簿価額を減額した場合には、災害損失が発生した場合など特別な場合を除き、その減額した部分の金額は、所得の計算上損金の額に算入しません。

⑹　役員給与

　役員に対して支給する報酬の額のうち職務の内容、収益の状況、使用人に対する給料の支給状況、同業法人との比較等により不相当に高額な部分などは損金の額に算入しません。

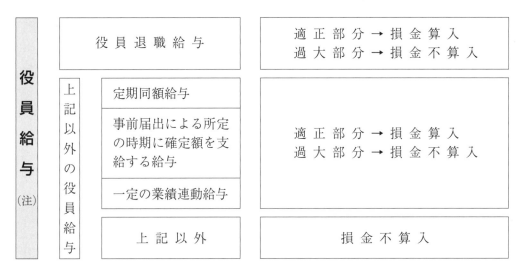

（注）　使用人兼務役員の使用人相当部分は除きます。

⑺　寄附金

　法人が各事業年度において寄附金を支出した場合は原則として損金に算入されますが、利益又は剰余金の処分による経理をした場合や一定限度を超える金額は損金に算入しません。

　ただし、国又は地方公共団体に対する寄附金及び指定寄附金は損金に算入されます。

⑻　交際費

　法人の得意先、仕入先その他事業に関連ある者に対する接待、供応、慰安、贈答その他これらに類する行為のために支出する費用は交際費とされます。これらは企業会計上、損金に算入されるべきものですが、その冗費的支出を抑制する目的から、租税特別措置法により、一部を除いて損金不算入とされています。

　損金算入が認められる金額は、次のとおりです。

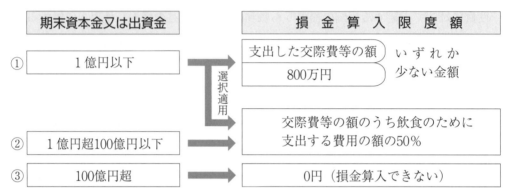

期末資本金又は出資金	損 金 算 入 限 度 額
①　1億円以下	支出した交際費等の額 いずれか少ない金額 / 800万円
②　1億円超100億円以下	交際費等の額のうち飲食のために支出する費用の額の50%
③　100億円超	0円（損金算入できない）

（注）　期末資本金又は出資金が1億円以下の法人のうち、期末資本金又は出資金が5億円以上の法人の100%子法人等については、②の損金算入限度額となります。

　なお、1人当たり5,000円以下（令和6年4月1日以後は1万円以下に引き上げられます。）の一定の飲食費については損金算入が認められています。

⑼　租税公課

　会社が支出する税金は費用として処理しますが、税法上は、税金の種類によって損金に算入されるものと算入されないものとがあります。

　また、罰金や会社が負担した社員の交通反則金は、損金に算入されません。

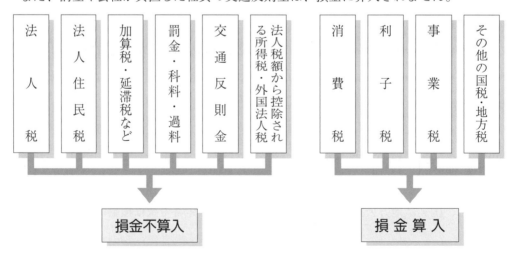

法人税・法人住民税・加算税・延滞税など・罰金・科料・過料・交通反則金・法人税額から控除される所得税・外国法人税	消費税・利子税・事業税・その他の国税・地方税
損金不算入	損金算入

⑽　引当金、準備金

　将来実現すると見込まれる特定の損失等に対して、あらかじめ積み立てておくものとして、引当金の損金算入が認められています。また、産業の振興など特定の政策目的のために、一定の限度額まで損金算入が認められるものとして準備金があります。

	種　類	内　　　容
引当金	①　貸倒引当金	売掛金、貸付金など貸金の貸倒れによる損失の見込額に充てるための引当金
	②　返品調整引当金	出版業、医療品・化粧品などの製造業等が、常に予想される一定の返品による損失の見込額に充てるための引当金

(注)　返品調整引当金については、令和3年3月31日までに開始する事業年度まで損金算入が認められますが、それ以降は、1年ごとに10分の1ずつ縮小した額の引当てしか認められず、令和13年4月1日以後に開始する事業年度からは廃止されます。

	種類	内容
準備金	①　特別修繕準備金	船舶、溶鉱炉等の周期的な大規模な修繕に要する費用に備えるための準備金
	②　海外投資等損失準備金	特定株式等の価額の低落等に備えるための準備金

⑾　圧縮記帳

　圧縮記帳とは、本来は課税所得となる利益について、一定の要件のもとにその課税を繰り延べるものです。

　すなわち、国庫補助金、工事負担金、保険金、交換などにより新たに取得した資産の取得価額を益金相当額であるその補助金等を減額した額とし、その減額する額を損金と

することで、一時に課税関係を生じさせずに処理する方法です。したがって、その後、その資産の減価償却を行う場合や、譲渡した場合の譲渡益の計算を行う場合は、その減額後の帳簿価額を基礎として計算することとなります。

【例】

（帳簿価額1,000万円の土地Aを5,000万円で売却し、その売却代金で新たな土地Bを購入して圧縮記帳を行った場合の経理処理）

　＜売却時＞　（借）現 金 預 金　5,000万円　／　（貸）土　　　地　　A　　1,000万円

　　　　　　　　　　　　　　　　　　　　　　　　　　　　土地A売却益　4,000万円

　＜購入時＞　（借）土　　　地　　B　5,000万円　／　（貸）現 金 預 金　5,000万円

　＜圧縮記帳＞（借）土地B圧縮損　4,000万円　／　（貸）土　　　地　　B　　4,000万円

⑿　繰越欠損金

　確定申告書を提出する法人の各事業年度開始の日前10年（平成30年3月31日までに開始する事業年度においては9年）以内に開始した事業年度において生じた繰越欠損金がある場合には、その各事業年度の所得の金額の計算上損金の額に算入します。

　ただし、この適用を受けるには欠損金額の生じた事業年度について青色申告書を提出し、かつその後において連続して確定申告書を提出していることを条件としています。

6　税額の計算●●●

(1)　課税標準と税率

　法人税の課税標準（税額計算の基礎となる金額。1,000円未満切捨て）は、通常の事業年度において法人が得た所得がその大部分ですが、そのほかに退職年金等積立金があります。

　各事業年度の所得に対する法人税の税率は次のとおりです。

法人及び所得の区分		税　率
資本金等の額１億円超の普通法人		23.2　%
資本金等の額１億円以下の普通法人、一般社団法人等、人格のない社団等	年800万円以下の部分の所得	15　%[注1]
	年800万円超の部分の所得	23.2　%
公益法人等・協同組合等	年800万円以下の部分の所得	15　%
	年800万円超の部分の所得	19　%

（注１）　大法人の100％子法人や大法人並みの所得金額（３年平均15億円超）がある法人は19％となります。

（注２）　各事業年度の所得金額×税率＝法人税額（100円未満切捨て）

⑵　特定同族会社の特別税率

①　特定同族会社の定義

　特定同族会社とは、会社の株主等の１人とその同族関係者で、発行済株式総数又は出資金額の50％超を持っている会社のことをいい、このうち資本金等の額が１億円を超え、各事業年度の留保金額が留保控除額を超える場合には、通常の法人税のほかに、留保金に対する特別の法人税が課されます。

各事業年度の所得に対する法人税

当期の所得金額×通常の税率

＋

留保金に対する特別の法人税

＿＿＿＿＿ 課税留保金額 ＿＿＿＿＿
（留保金額－留保控除額）　×特別税率

② 留保控除額

留保金額から控除される額は、次のうちもっとも多い金額です。

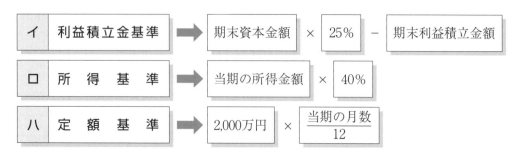

イ	利益積立金基準	➡	期末資本金額 × 25% − 期末利益積立金額
ロ	所　得　基　準	➡	当期の所得金額 × 40%
ハ	定　額　基　準	➡	2,000万円 × 当期の月数/12

③ 税率

課税留保金額に対する特別税率は、その金額の区分に応じてそれぞれ次のとおりです。

	1年間の課税留保金額	税　率
イ	3,000万円以下の部分の金額	10%
ロ	3,000万円超1億円以下の部分の金額	15%
ハ	1億円を超える部分の金額	20%

(3) 税額控除

① 所得税額の控除

　所得税法の規定により源泉徴収される利子や配当などに係る所得税は、法人税の前払として法人税の額から控除することができます。

② 外国税額の控除

　法人が外国の支店の所得に対してその国の法人税を課せられた場合、その金額のうち一定の金額を限度として、我が国の法人税の額から控除することができます。

③ 試験研究費の税額控除

　企業における試験研究を促進し、民間企業の技術開発力の強化を図る目的で、支出した試験研究費のうち一定額を法人税の額から控除することができます。

7　申告、納付●●●

(1)　確定申告

　法人は各事業年度終了の日から2か月以内に「確定した決算」に基づいて、申告書を提出しなければなりません。

　災害その他一定の理由により決算が事業年度終了の日から2か月以内に確定しないと認められるときは、申請により、期日を指定して、提出期限の延長ができます。

(2)　中間申告

　普通法人は事業年度が6か月を超える場合には、事業年度開始の日以後6か月経過した日から2か月以内に、次により計算した税額を申告納付しなければなりません。

$$ \boxed{納付税額} \ = \ \boxed{\begin{array}{c} 前事業年度の \\ 法人税額 \end{array}} \ \times \ \boxed{\dfrac{6}{前事業年度の月数}} $$

　(注)　ただし、納付税額が10万円以下の場合は申告納付の必要がありません。仮決算した場合の中間申告をすることもできます。中間申告書を提出期限までに提出しないときは、前期の実績によって中間申告書の提出があったものとみなされます。

(3)　期限後申告

　2か月の確定申告期限後でも申告書の提出が認められています。しかし、延滞税や無申告加算税がかかることになります。

(4)　修正申告

　申告した税額に不足があったり、還付金額が多すぎたときは、修正申告をすることができます。この場合、加算税がかかることがあります。

(5)　納付

　申告書の提出期限までに、申告書で計算された税金を納めなければなりません。確定申告のときは、中間申告納付分を差し引いて納付します。

(6)　更正の請求

　申告書の提出後に、計算誤りなどにより納付税額が多すぎた場合などにはその申告書の提出期限から原則として5年以内に限り、更正の請求ができます。

練習問題

（解答は90ページにあります）

問 1 次の各文章を完成させるため、文中の（　）内の語群から適当なもの1つを選び出し、⬭で囲みなさい。

1．税金の分類のしかたのうちに国税と地方税とに分類する方法があるが、法人税は（所得税・事業税・固定資産税）とともに代表的な（国税・地方税）である。

2．税金の分類のしかたのうちに直接税と間接税とに分類する方法があるが、法人税は（所得税・消費税・たばこ税）とともに（直接税・間接税）に分類される税金である。

問 2 次の各文章は、下記語群の用語を説明したものであるが、適当な用語を選び出して、各文章の（　）内に記入しなさい。

1．国内に本店又は主たる事務所を有する法人のことを（　）という。

2．株式会社、合名会社、合資会社、合同会社、企業組合などを（　）という。

3．ＰＴＡ、研究会、協会、クラブなどで法人格のないものを（　）という。

語群

　普通法人、人格のない社団等、内国法人、公益法人

問 3 次の各取引の仕訳を示しなさい。

1．当事業年度の法人税等（法人税・法人住民税・法人事業税等）は総額2,450万円と計算された。中間納付税額1,000万円が仮払法人税等勘定に会計処理されているので、この金額を控除した残額を納税充当金として引当計上することとした。

2．貸倒引当金88万6,500円を繰り入れる。なお、前事業年度の貸倒引当金繰入額74万3,000円が貸倒引当金勘定に計上されていた。

	借方科目	金　額	貸方科目	金　額
1				
2				

問 4　次の各取引による収入金額のうち、法人税の計算上「益金の額」に該当するものを 3 つ選んでその番号を解答欄に記入しなさい。

1．有価証券の売却による収入金額

2．法人税の還付金受入額

3．売掛金の回収額

4．銀行からの借入金の入金額

5．商品・製品の販売による収入金額

6．建物の売却による収入金額

解 答 欄			

問 5　日本株式会社の次の資料により、当期（自令和 6 年 4 月 1 日　至令和 7 年 3 月 31 日）事業年度の確定申告により納付すべき法人税額を計算しなさい。なお、与えられている資料以外は一切考慮する必要はない。

1．当期利益の額　36,520,000円

2．益金算入額　　8,200,000円

3．損金算入額　　4,650,000円

4．益金不算入額　1,090,000円

5．損金不算入額　20,650,000円

　（このうちに中間申告法人税額12,000,000円が含まれている）

6．税率は資本金等の額 1 億円超の法人に課される基本税率による。

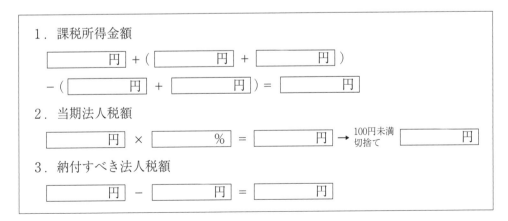

問 **6**　次の各文章について法人税法上正しいものには〇印を、誤っているものには×
印を、それぞれ解答欄に記入しなさい。

1. 法人が支出した罰金は、所得の金額の計算上、損金の額に算入されない。

2. 公益法人等は、すべての所得に対して法人税を納める義務がある。

3. 固定資産とは、減価償却資産と繰延資産とをいう。

4. 事業年度の月数が6か月の法人は、中間申告をする必要はない。

5. 株主等とは、株主と合資会社の社員のみをいう。

解　答　欄	1	2	3	4	5

問 **7**　次の表は、内国法人を各事業年度の所得に対する課税内容によって区分し、各
区分に属する法人の具体例を示したものであるが、表の一部が空欄になっている。
〈資料〉に示す語句の中から適切なものを選んで解答欄にその番号を記入し、この表
を完成しなさい。

区分	解		答　　　　欄
	法人区分	法人の具体例	各事業年度の所得に対する課税内容
内国法人	公 共 法 人		
		日本放送協会	
	公 益 法 人 等	宗 教 法 人	収益事業から生じた所得に対してのみ低率課税
		消費生活協同組合	
	人格のない社団等		収益事業から生じた所得に対してのみ普通税率課税
		株 式 会 社	すべての所得に対して普通税率課税

〈資料〉　1．P.T.A.　　2．地方公共団体　　3．同窓会　　4．学校法人
　　　　5．合名会社　　6．農業協同組合　　7．協同組合等　　8．普通法人
　　　　9．非課税　　10．すべての所得に対して低率課税

問 8　次に掲げる諸制度のうち、青色申告法人に認められた特典制度を3つ選んで、その番号を解答欄に記入しなさい。

1．通信費の損金算入　　2．修繕費の損金算入　　3．減価償却資産の特別償却・割増償却　　4．各種引当金の繰入額の損金算入　　5．各種準備金の積立額の損金算入
6．欠損金の繰越し　　7．旅費交通費の損金算入

解　答　欄			

問 9　次に掲げる各取引による支出額のうち、所得の金額の計算上、損金の額に算入されるものを5つ選んで、その番号を解答欄に記入しなさい。

1．借入金の返済額　　2．借入金利息の支払額　　3．法人税（本税）の納付額

4．事業税の納付額　　5．光熱費の支払額　　6．土地の購入代金

7．買掛金の支払額　　8．交通費の支払額　　9．過少申告加算税の納付額

10．利子税の納付額

解　答　欄					

問 10　次の資料に基づき、甲株式会社の第10期事業年度（自令和6年4月1日　至令和7年3月31日）の確定申告により納付すべき法人税額を計算しなさい。税率は資本金等の額1億円超の法人に課される基本税率による。

〈資　料　Ⅰ〉　　1．当期利益の額　　　　　52,542,400円

　　　　　　　　2．益金算入額　　　　　　1,555,000円

　　　　　　　　3．益金不算入額　　　　　　847,800円

　　　　　　　　4．損金算入額　　　　　　2,176,200円

　　　　　　　　5．損金不算入額　　　　　19,127,550円

〈資　料　Ⅱ〉　〈資料Ⅰ〉の5．損金不算入額のなかには次の税額が含まれている。

　　　　　　　　1．中間納付した法人税額　　　　　　　　9,303,000円

　　　　　　　　2．中間納付した住民税額　　　　　　　　2,973,600円

　　　　　　　　3．住民税利子割額　　　　　　　　　　　　28,420円

　　　　　　　　4．法人税額から控除される所得税額　　　　149,210円

　　　　　　　　なお、提示された資料以外は、一切考慮しないものとする。

【解答欄】

1．課税所得の金額

　　[　　　　円] ＋（[　　　　円] ＋ [　　　　円]）

　　－（[　　　　円] ＋ [　　　　円]）＝ [　　　　円]

　　　　　　　　　　　　　　[　　　　円] 未満の端数切り $\left\{\begin{matrix}上げ\\捨て\end{matrix}\right\}$ ∴ [　　　　円]

　　　　　　　　　　　　　　　　　　（いずれかを○で囲む）

2．当期法人税額

　　[　　　　円] ×23.2％ ＝ [　　　　円]

3．納付すべき法人税額

　　[　　　　円] － [　　　　円] ＝ [　　　　円]

　　　　　　　　　　　　　　[　　　　円] 未満の端数切り $\left\{\begin{matrix}上げ\\捨て\end{matrix}\right\}$ ∴ [　　　　円]

　　[　　　　円] － [　　　　円] ＝ [　　　　円]　　（いずれかを○で囲む）

第4章

消　費　税　法

(1)　課税対象

　消費税の課税対象となる取引とは、事業者が①国内で行う取引と、②保税地域から引き取る外国貨物に限られます。

課　税　取　引 ➡	・国内取引……事業者が事業として対価を得て行う資産 　　　　　　　譲渡、貸付け及び役務の提供 ・輸入取引……保税地域から引き取られる外国貨物

(2)　納税義務者

　消費税の納税義務者は、国内取引の場合は、課税資産の譲渡等を行う個人事業者と法人です。基準期間（個人は前々年、法人は前々事業年度をいいます。）の課税売上高が1,000万円以下の事業者は、その課税期間は納税義務が免除されます。ただし、基準期間の課税売上高が1,000万円以下であっても、前年（法人は前事業年度）の前半6月の課税売上高が1,000万円を超え、かつ、支払った給与等の額が1,000万円を超える事業者については、免除されません。さらに、資本金1,000万円以上の新設法人の設立当初2年間についても、免除されません。

　輸入取引の場合は、外国貨物を保税地域から引き取る者が納税義務者で、引き取る課税貨物について納税義務があります。

(3)　非課税取引

国内において行われる資産の譲渡等のうち、次のものは非課税とされます。

①　非課税取引
土地及び借地権等の譲渡等／有価証券の譲渡及び対外支払手段の譲渡／貸付金の利子を対価とする金融取引／保険料を対価とする取引／郵便切手・印紙・証紙の譲渡／商品券・プリペイドカードなどの物品切手等の譲渡／国・地方公共団体・公共法人等が法令に基づき徴収する手数料等／社会保険診療等の療養の給付／社会福祉事業／教育事業（授業料収入等）／国際郵便為替業務／住宅の貸付け　ｅｔｃ.

②　非課税の外国貨物
有価証券等、郵便切手類、印紙、証紙、物品切手　ｅｔｃ.

(4)　輸出免税

輸出取引及び輸出物品販売場（免税ショップ）における非居住者に対する一定の物品の譲渡については、免税とされます。

(5)　課税期間

①　個人事業者	暦年。ただし、事業者の選択により、1～3月、4～6月、7～9月、10～12月の各期間、又は1か月とすることができます。
②　法　　　人	事業年度。ただし、選択によりその開始の日以後3か月ごと又は1か月ごとに区分した各期間とすることができます。

(6)　納税地

①　個人事業者	原則として住所地。ただし、選択により居所地又は事務所等の所在地とすることができます。
②　法　　　人	原則として本店又は主たる事務所の所在地

(7)　課税標準

①　国 内 取 引	課税資産の譲渡等の対価の額
②　外 国 貨 物	保税地域からの引取価額

(8)　税率

	消費税率	地方消費税率	合計
標 準 税 率	7.8%	2.2% （消費税額の78分の22）	10%
軽 減 税 率	6.24%	1.76% （消費税額の78分の22）	8%

（注）　軽減税率の対象品目は、①酒類・外食を除く飲食料品、②週2回以上発行される定期購読契約に基づく新聞です。

⑼　納付税額の計算

　課税期間における課税売上げに係る消費税（売上税額）から課税仕入れ等に係る消費税額（仕入税額）を控除した後の金額が消費税の納付税額となります。

　なお、消費税の複数税率制度に対応した仕入税額控除の方式として、適格請求書等保存方式（いわゆる「インボイス制度」）によることとされています。

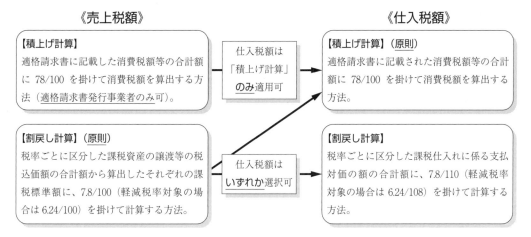

（注）　地方消費税の納付税額は、こうして計算した消費税納付税額の22/78相当額となります。

⑽　簡易課税制度

　基準期間の課税売上高が5,000万円以下で、簡易課税制度の選択届出書を提出した課税事業者は、課税売上げに係る消費税額から控除する仕入控除税額の計算を、みなし仕入率によって計算することができます。

$$仕入控除税額＝\frac{課税売上に係る}{消費税額}×みなし仕入率※$$

※　みなし仕入率

第1種事業（卸売業）	90%
第2種事業（小売業）	80%
第3種事業（製造業、建設業、農林漁業等）	70%
第4種事業（第1～3、5・6種以外の事業（飲食店業等））	60%
第5種事業（金融・保険業、運輸・通信業、サービス業（飲食店業を除きます））	50%
第6種事業（不動産業）	40%

（注）　第3種事業である農業、林業、漁業のうち消費税の軽減税率が適用される飲食料品の譲渡については第2種事業とされ、そのみなし仕入率は80%とされています。

⑾　申告・納付

①　中間申告・納付

　中間申告の方法は次のとおりです。中間申告対象期間の末日の翌日から2か月以内に申告・納付しなければなりません。

直前の課税期間の確定消費税額	48万円以下	48万円超400万円以下	400万円超4,800万円以下	4,800万円超
中間申告の回数	中間申告不要	年1回（6か月）	年3回（3か月ごと）	年11回（1か月ごと）

②　確定申告・納付

　事業者は課税期間ごとにその課税期間の末日の翌日から原則として2か月以内（個人は課税期間の翌年の1月1日から3月31日まで）に確定申告書を提出し納付しなければなりません。

⑿　消費税に関する会計処理例

例　令和6年4月1日に、小売店が商品（標準税率10％が適用されるもの）を7,000円（税抜き）で掛仕入し、10,000円（税抜き）で現金で販売した場合

仕　入　先 ━━━ 小　売　店 ━━━ 消　費　者
　7,000円　　　　　　　　　　10,000円
　700円（消費税等）　　　　　1,000円（消費税等）

1　税抜経理方式

(1)　仕入時

（借方）仕入　　　　　7,000円　　（貸方）買掛金　　　　　7,700円

　　　　仮払消費税等　 700円

(2)　売上時

（借方）現金　　　　 11,000円　　（貸方）売上　　　　　10,000円

　　　　　　　　　　　　　　　　　　　　 仮受消費税等　　1,000円

2　税込経理方式

(1)　仕入時

（借方）仕入　　　　　7,700円　　（貸方）買掛金　　　　　7,700円

(2)　売上時

（借方）現金　　　　 11,000円　　（貸方）売上　　　　　11,000円

練習問題

（解答は93ページにあります）

問❶　次の各文の（　　）内の語句のうち、適切なものを選び、解答欄に記号で記入しなさい。

1．資産の譲渡等とは、事業として（①　ア．有償で、イ．対価を得て）行われる資産の譲渡及び貸付け並びに役務の提供をいう。

2．個人事業者の場合の消費税の課税期間は、（②　ウ．１月１日から12月31日まで、エ．４月１日から翌年３月31日まで）の期間である。

3．国内において事業者が行った資産の譲渡等のうち（③　オ．土地、カ．事業所）の貸付けに該当するものには、消費税を課さない。

4．外国貨物を（④　キ．税関、ク．保税地域）から引き取る者は、課税貨物につき、消費税を納める義務がある。

5．申告納税方式による国税について、その（⑤　ケ．課税金額、コ．課税標準）等及び税額等を確定するための申告を、納税申告という。

解答欄	①	②	③	④	⑤

問❷　次の取引について仕訳をしなさい。ただし、仕訳に用いる勘定科目は、次の中から選ぶこととする。なお、消費税及び地方消費税の経理処理については、税込経理方式によるものとする。

現金預金	仮受消費税等	売　　　上	買　掛　金	租税公課
備　　品	仮払消費税等	仕　　　入	未払消費税等	売　掛　金

(1)　商品498万960円（うち、消費税額及び地方消費税額45万2,815円）を仕入れ、代金は掛けとした。

(2)　商品635万3,640円（うち、消費税額及び地方消費税額57万7,604円）を売り渡し、代金は掛けとした。

(3)　売上商品21万3,840円（うち、消費税額及び地方消費税額１万9,440円）の返品を受け、売掛金21万3,840円を直接減額した。

(4)　備品35万4,240円（うち、消費税額及び地方消費税額3万2,204円）を購入し、代金は現金で支払った。

(5)　決算に当たり、納付すべき消費税額及び地方消費税額321万9,040円を租税公課として計上した。

【解答欄】

	借方科目	借方金額	貸方科目	貸方金額
(1)				
(2)				
(3)				
(4)				
(5)				

問3　次に掲げる取引のうち消費税が課されるものには○印を、課されないものには×印を、解答欄に記入しなさい。

	取　引　の　内　容	解　答　欄
1	不動産業者が受ける仲介手数料	
2	法人が行う所有土地の譲渡	
3	個人事業者が取引先に商品を贈与する取引	
4	税理士が受ける顧問報酬	
5	学校法人の受ける大学の授業料	

問4　仕入れに係る消費税額の控除の特例（簡易課税制度）を採用している場合における課税標準額に対する消費税額、控除税額及び差引税額の計算をしなさい。なお、基準期間の課税売上高は5,000万円以下であるものとする。

①　課税期間………………自令和5年4月1日　至令和6年3月31日

②　業　　　種………………第二種事業　　　　　適用するみなし仕入率　80％

③　当課税期間の税込課税売上高………標準税率10％適用分：17,659,063円、

軽減税率8％適用分：26,488,595円

④　当課税期間の税込課税仕入高………標準税率10％適用分：13,303,947円、

　　　　　　　　　　　　　　　　　　軽減税率８％適用分：19,955,920円

【解答欄】

Ⅰ．課税標準額に対する消費税額の計算

区　　分	金　　額	計　　算　　過　　程
１．課税標準額	□円	□円 $\times \dfrac{100}{110} =$ □円 （1,000円未満切捨て）→ □円 □円 $\times \dfrac{100}{108} =$ □円 （1,000円未満切捨て）→ □円 □円 ＋ □円 → □円
２．課税標準額に対する消費税額	□円	□円 ×7.8％＝ □円 □円 ×6.24％＝ □円 □円 ＋ □円 ＝ □円

Ⅱ．控除税額の計算

区　　分	金　　額	計　　算　　過　　程
控除対象仕入税額	□円	（みなし仕入率） □円 × □％ ＝ □円 （みなし仕入率） □円 × □％ ＝ □円 □円 ＋ □円 ＝ □円

Ⅲ．差引税額の計算

区　　分	金　　額	計　　算　　過　　程
差　引　税　額	□円	□円 － □円 ＝ □円 （100円未満切捨て）→ □円

（注）それぞれの金額の計算においては、１円未満の端数は切り捨てます。

練習問題解答

問 1 （47ページ参照）

No.	借 方 科 目	金　　　　額	貸 方 科 目	金　　　　額
(1)	給　　　　料	400,000	所得税預かり金	4,530
			現　　　　金	395,470
(2)	事　業　税 （租 税 公 課）	48,000	未 払 事 業 税	48,000
(3)	店　主　貸	60,000	売　　　　上	60,000
(4)	消 耗 品 費	70,000	現　　　　金	70,000

注 勘定科目は、上記以外でも適切なものであれば正解とする。

問 2 （22ページ参照）

イ	ロ	ハ	ニ
合同運用信託	剰余金の分配	不動産の上に 存する権利	製　造　業

問 3 （17ページ参照）

1	特 別 控 除 額

2	収 入 金 額

3	退職所得控除額

4	必 要 経 費

5	総 収 入 金 額

問 4

1	2	3	4	5	6	7	8	9	10
a	b	e	d	c	b	d	e	c	a

問 5 （22ページ参照）

ア	イ	ウ	エ	オ
e	a	d	c	g

問 6

1 ㋑ 課税 ・ ㋩ 課税 ・ ㋥ 課税

2 ㋑ 徴収 ・ ㋥ 徴収 ・ ㋩ 納税

3 ㋭ 所得 ・ ㋬ 所得 ・ ㋣ 所得

4 ㋺

問 7

1	2	3
ロ	イ	ハ

問 8 （19ページ参照）

①	ロ	②	ハ	③	ヘ	④	イ	⑤	ホ	⑥	ニ

問 9 （19ページ参照）

ア	イ	ウ	エ	オ	カ	キ	ク	ケ	コ
a	b	i	f	g	e	e	d	h	c

87

問 ⑩ （19ページ参照）

ア	イ	ウ	エ	オ	カ	キ	ク	ケ
9	8	4	7	5	6	3	1	1

注 ア～オ順不同可

問 ⑪ （27ページ参照）

(1) 給与所得の収入金額

※ ＋・－いずれかを○で囲むこと

$$6,000,000円 \quad \underset{-}{\overset{+}{\oplus}} \quad 1,000,000円 \quad = \quad 7,000,000円$$

(2) 給与所得控除額

$$1,760,000円 \quad + \quad (\quad 7,000,000円 \quad - \quad 6,600,000円 \quad) \times \quad 0.1 \quad = \quad 1,800,000円$$

(3) 給与所得の金額

$$7,000,000円 \quad - \quad 1,800,000円 \quad = \quad 5,200,000円$$

問 ⑫

1	利子所得	2	配当所得	3	不動産所得	4	事業所得	5	給与所得
6	退職所得	7	山林所得	8	譲渡所得	9	一時所得	10	雑 所 得

問 ⑬

解答欄	1	2	3	4	5
	オ	イ	エ	ア	ウ

問 ⑭

売上金額（雑収入を含む）		8,103,000円
売上原価	年初商品棚卸高	597,000円
	当年商品仕入高	3,998,000円
	小　　　計	4,595,000円
	年末商品棚卸高	432,000円
	売　上　原　価	4,163,000円
経　　　　　費		1,748,000円
事 業 所 得 の 金 額		2,192,000円

問 ⑮

	借方科目	借方金額	貸方科目	貸方金額
1	事 業 主 貸	170,000	売　　　　　上	170,000
2	給　　　　　料	580,000	所 得 税 預 り 金 現　　　　　金	13,000 567,000
3	事 業 主 貸 租 税 公 課	1,100,000 250,000	現　　　　　金	1,350,000
4	光　熱　費 事 業 主 貸	43,000 19,000	当 座 預 金	62,000
5	普 通 預 金	193,000	事 業 主 借	193,000

問 ⑯

1. 課税総所得金額 $\boxed{8,762,000円}$ $\boxed{-}$ $\boxed{1,769,000円}$ $\boxed{=}$ $\boxed{6,993,000円}$

2. 所 得 税 額 $\boxed{6,993,000円}$ $\boxed{\times}$ $\boxed{23\%}$ $\boxed{-}$ $\boxed{636,000円}$ $\boxed{=}$ $\boxed{972,390円}$

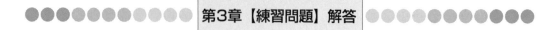

第3章【練習問題】解答

問① 1 次の各文章を完成させるため、文中の（　）内の語群から適当なもの1つを選び出し、〇で囲みなさい。

1．税金の分類のしかたのうちに国税と地方税とに分類する方法があるが、法人税は（ (所得税)・事業税・固定資産税 ）とともに代表的な（ (国税)・地方税 ）である。

2．税金の分類のしかたのうちに直接税と間接税とに分類する方法があるが、法人税は（ (所得税)・酒税・たばこ税 ）とともに（ (直接税)・間接税 ）に分類される税金である。

問② 2 次の各文章は、下記語群の用語を説明したものであるが、適当な用語を選び出して、各文章の（　）内に記入しなさい。

1．国内に本店又は主たる事務所を有する法人のことを（内国法人）という。

2．株式会社、合名会社、合資会社、合同会社、企業組合などを（普通法人）という。

3．ＰＴＡ、研究会、協会、クラブなどで法人格のないものを（人格のない社団等）という。

問③ 3

	借　方　科　目	金　　額	貸　方　科　目	金　　額
1	法人税等	24,500,000	仮払法人税等 納税充当金	10,000,000 14,500,000
2	貸倒引当金 貸倒引当金繰入	743,000 886,500	貸倒引当金戻入 貸倒引当金	743,000 886,500

注　勘定科目は、上記以外でも適切なものであれば正解とする。

問④ 4

解　答　欄	1	5	6

⑤

1．課税所得金額

$$\boxed{36,520,000円} + \left(\boxed{8,200,000円} + \boxed{20,650,000円} \right)$$
$$- \left(\boxed{4,650,000円} + \boxed{1,090,000円} \right) = \boxed{59,630,000円}$$

2．当期法人税額

$$\boxed{59,630,000円} \times \boxed{23.2\%} = \boxed{13,834,160円} \rightarrow \begin{smallmatrix}100円未満\\切捨て\end{smallmatrix} \boxed{13,834,100円}$$

3．納付すべき法人税額

$$\boxed{13,834,100円} - \boxed{12,000,000円} = \boxed{1,834,100円}$$

 ⑥

解　答　欄	1	2	3	4	5
	○	×	×	○	×

 ⑦

区分	解		答　　　　欄
	法人区分	法人の具体例	各事業年度の所得に対する課税内容
内国法人	公 共 法 人	2	9
		日本放送協会	
	公 益 法 人 等	宗 教 法 人	収益事業から生じた所得に対してのみ低率課税
		4	
	7	消費生活協同組合	10
		6	
	人格のない社団等	1	収益事業から生じた所得に対してのみ普通税率課税
		3	
	8	株 式 会 社	すべての所得に対して普通税率課税
		5	

問8

解　答　欄	3	5	6

問9

解　答　欄	2	4	5	8	10

問10

1．課税所得の金額　——順不問——

52,542,400円 ＋（ 1,555,000円 ＋ 19,127,550円 ）

－（ 847,800円 ＋ 2,176,200円 ）＝ 70,200,950円
——順不問——

1,000円 未満の端数切り｛上げ／捨て｝　∴ 70,200,000円

（いずれかを○で囲む）

2．当期法人税額

70,200,000円 ×23.2％ ＝ 16,286,400円

3．納付すべき法人税額

16,286,400円 － 149,210円 ＝ 16,137,190円

100円 未満の端数切り｛上げ／捨て｝　∴ 16,137,100円

16,137,100円 － 9,303,000円 ＝ 6,834,100円

（いずれかを○で囲む）

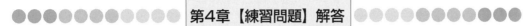 第4章【練習問題】解答 ●●●●●●●●●●●●●●

 1

解答欄	①	②	③	④	⑤
	イ	ウ	オ	ク	コ

問 2

	借方科目	借方金額	貸方科目	貸方金額
(1)	仕　　　入	4,980,960円	買　　掛　　金	4,980,960円
(2)	売　　掛　　金	6,353,640円	売　　　　　上	6,353,640円
(3)	売　　　　　上	213,840円	売　　掛　　金	213,840円
(4)	備　　　　　品	354,240円	現　金　預　金	354,240円
(5)	租　税　公　課	3,219,040円	未払消費税等	3,219,040円

問 3

	取　引　の　内　容	解　答　欄
1	不動産業者が受ける仲介手数料	○
2	法人が行う所有土地の譲渡	×
3	個人事業者が取引先に商品を贈与する取引	×
4	税理士が受ける顧問報酬	○
5	学校法人の受ける大学の授業料	×

問 4

Ⅰ．課税標準額に対する消費税額の計算

区　　分	金　額	計　算　過　程
1．課税標準額	40,579,000円	$17,659,063円 \times \dfrac{100}{110} = 16,053,693円$ （1,000円未満切捨て）→ 16,053,000円 $26,488,595円 \times \dfrac{100}{108} = 24,526,476円$ （1,000円未満切捨て）→ 24,526,000円 16,053,000円 ＋ 24,526,000円 ＝ 40,579,000円
2．課税標準額に対する消費税額	2,782,556円	16,053,000円 ×7.8％ ＝ 1,252,134円 24,526,000円 ×6.24％ ＝ 1,530,422円 1,252,134円 ＋ 1,530,422円 ＝ 2,782,556円

Ⅱ．控除税額の計算

区　　分	金　額	計　算　過　程
控除対象仕入税額	2,226,044円	（みなし仕入率） 1,252,134円 × 80％ ＝ 1,001,707円 （みなし仕入率） 1,530,422円 × 80％ ＝ 1,224,337円 1,001,707円 ＋ 1,224,337円 ＝ 2,226,044円

Ⅲ．差引税額の計算

区　　分	金　額	計　算　過　程
差　引　税　額	556,500円	2,782,556円 － 2,226,044円 ＝ 556,512円 （100円未満切捨て）→ 556,500円

（注）それぞれの金額の計算においては、1円未満の端数は切り捨てます。

（執筆者略歴）

秋葉 英一
あきば えいいち

学校法人 秋葉学園理事長

令和6年版 入門税法
にゅうもんぜいほう

2024年4月5日 発行

編 者 公益社団法人 全国経理教育協会
こうえきしゃだんほうじん ぜんこくけいりきょういくきょうかい
〒170-0004 東京都豊島区北大塚1−13−12 電話03(3918)6133(代)

発行所 株式会社 清文社
東京都文京区小石川1丁目3−25（小石川大国ビル）
〒112-0002 電話 03(4332)1375 FAX 03(4332)1376
大阪市北区天神橋2丁目北2−6（大和南森町ビル）
〒530-0041 電話 06(6135)4050 FAX 06(6135)4059
URL https://www.skattsei.co.jp/

印刷：㈱太洋社

ISBN978-4-433-73984-3